Vorwort

2.350 Kilometer, 4.767 Fotos, 37.304 Worte. Macht zusammen 111
Orte an der Ostseeküste zwischen Lübeck und Flensburg, die man
gesehen haben muss. Unsere Liebeserklärung an einen Landstrich,
der seit einigen Jahren unser Zuhause ist. Es wäre uns nicht schwer-
gefallen, 222 Orte zu finden. So vielfältig, einzigartig und schön ist
diese Küste.

Dabei ist sie weit mehr als eine Region mit feinen Sandstränden,
mittelalterlichen Städten und imposanten Fährhäfen. Sie steckt voller Superlative: das größte Salzmoor Schleswig-Holsteins, die kleinste Stadt Deutschlands und die meistbefahrene künstliche Wasserstraße der Welt. Sie alle finden sich hier an der Ostseeküste und
ihrem Hinterland.

Diese und 108 weitere spannende, überraschende und beeindru-
ckende Orte warten darauf, von Ihnen entdeckt zu werden. Zugegeben, nicht alle unserer 111 Orte sind unbekannte Geheimtipps. Das
Plöner Schloss, die Wikingersiedlung Haithabu oder der Ratzeburger Dom sind echte Highlights, die in keinem Reiseführer fehlen
dürfen. Aber auch die bekannteren Orte in diesem Buch haben Geschichten zu erzählen, von denen viele Einheimische und Touristen
vorher nichts wussten.

Wir wünschen Ihnen viel Freude auf Ihren Entdeckungstouren
entlang der Ostseeküste. Und falls Sie selbst noch Orte kennen, die
es verdient hätten, Erwähnung zu finden, freuen wir uns auf Ihr
Feedback!

Alexandra & Jobst Schlennstedt

111 Orte

1 Der Hochseilgarten
Auf Kletterkurs im Adelsforst

Früher bestanden die Einnahmequellen von herrschaftlichen Gutsanlagen vorwiegend aus der Land- und Forstwirtschaft. Heutzutage müssen Gutsbesitzer kreative und vielfältige Wege gehen, um für die nicht mehr landwirtschaftlich genutzten Flächen und Gebäude eine attraktive und einträgliche Nutzung zu finden. So kann man auf Gut Altenhof bei Eckernförde Reiten lernen, Golf spielen, klassische Konzerte besuchen, heiraten oder einmal hinter hochherrschaftlichen Mauern übernachten. Nichts Ungewöhnliches also, das kann man auf anderen Gutshöfen auch. Aber Altenhof ist wohl die einzige Gutsanlage, wo man sich in luftigen Höhen von Baum zu Baum hangeln kann. Denn im Gutsforst befindet sich ein Hochseilgarten.

Der Besucher kann zwischen zehn verschiedenen Parcours mit unterschiedlichen Schwierigkeitsgraden und Höhen wählen. Besonders Mutige können sich auf bis zu 20 Meter über dem Waldboden wagen. Aber im Hochseilgarten geht es nicht nur um Freizeitspaß. In fachkundig angeleiteten Trainings lassen Unternehmen, Vereine oder Schulklassen ihre Mitglieder zu echten Teams zusammenschweißen.

Schulklassen können in Altenhof gleich noch einen kleinen Geschichtsexkurs einlegen. Denn keine 150 Meter vom Hochseilgarten entfernt fand am 5. April 1849 eine historische Schlacht statt. Das »Gefecht von Eckernförde« war zwar militärisch ohne Bedeutung, stärkte die Herzogtümer Schleswig und Holstein jedoch moralisch. Schließlich widersetzten sie sich mit ihren 16 Geschützen erfolgreich gegen die 146, mit denen die dänischen Angreifer aufwarteten.

Wieder in der Gegenwart angekommen, kann man sich nach einer kräfteraubenden Kletterpartie oder einem erfolgreichen Team-Training im Klettercafé stärken. Es ist in einer alten Reetdachkate untergebracht, die zum Gutshof gehört. Und wem trotz Stärkung die Kräfte für die Heimreise fehlen, der bleibt einfach über Nacht im Gutshaus.

Adresse Am Bahnhof 14, 24340 Altenhof bei Eckernförde | **Anfahrt** B76 Richtung Eckernförde, südöstlich von Eckernförde zum Gut Altenhof abbiegen | **Öffnungszeiten** Juni–Aug. täglich ab 9 Uhr, April, Mai, Sept. und Okt. Di–So ab 10 Uhr, letzter Einstieg 2,5 Stunden vor Sonnenuntergang | **Tipp** Am Eckernförder Südstrand beginnt der Steilküsten-Panoramaweg, der in einem vier Kilometer langen Rundweg auch durch den Altenhofer Wald führt.

2 Die Basilika Altenkrempe

Kleiner Ort, große Kirche

Als Herzog Adolf III. von Holstein im 12. Jahrhundert den Handelsplatz Crempene gründete, hatte er Großes damit vor: Crempene sollte der Freien Hansestadt Lübeck Konkurrenz machen. Dass dies nicht geklappt hat und das heutige Altenkrempe ein 1.000-Seelen-Dorf geworden ist, können die Einwohner dem Sohn Herzog Adolfs verdanken. Er erkannte das aussichtslose Unterfangen seines alten Herrn und nahm im Jahr 1244 eine Standortoptimierung vor, indem er vier Kilometer südlich »de Nyge Crempe, anders geheten Nyestad«, also Neustadt, gründete.

Und tatsächlich stieg Neustadt schnell zu einem wichtigen Anlaufhafen für dänische und holländische Schiffe empor. Um sich von seiner Neustadt abzugrenzen, wurde Crempene zu Antiqua Krempa, heute Altenkrempe, umbenannt.

Davon, dass Altenkrempe eigentlich eine bedeutende Handelsstadt hätte werden sollen, zeugt heute noch die etwas überdimensionierte »Ortskirche«. Die dreischiffige Basilika ist im Stil der Backsteinromanik errichtet worden und besitzt kein Querschiff. Der Baubeginn wird aufgrund der Ähnlichkeit zum Ratzeburger Dom und der Verwendung des Materials Backstein auf den Anfang des 13. Jahrhunderts datiert. Unterschiede in der Ausführung der einzelnen Bauabschnitte lassen jedoch vermuten, dass zwischen Errichtung von Chor und Langhaus ein etwas längerer Zeitabschnitt liegt. Im Inneren ist der stilistische Übergang von der Romanik zur Gotik erkennbar, da zwischen den Stützpfeilern bereits Spitzbögen erkennbar sind. Von der mittelalterlichen Ausstattung ist nicht mehr viel vorhanden, da das Innere der Kirche im Barock überarbeitet wurde.

Das ungewöhnlichste Stück der Ausstattung stammt jedoch noch aus dem 13. Jahrhundert: Die Größe des bronzenen Taufsteins, der auf eine steinerne gotländische Taufe aufgesetzt ist, zeugt davon, dass die Kinder durch vollständiges Eintauchen getauft wurden.

Adresse Milchstraße 18, 23730 Altenkrempe | **Anfahrt** A1, Ausfahrt Neustadt-Pelzerhaken, Richtung Altenkrempe, die Basilika liegt direkt an der Hauptstraße | **Öffnungszeiten** täglich 9–17 Uhr | **Tipp** Zur Gemeinde Altenkrempe gehören die Gutsanlagen Hasselburg und Sierhagen. Sie befinden sich in Privatbesitz, werden aber regelmäßig für Veranstaltungen geöffnet.

3 Arnis an der Schlei

Die kleinste Stadt Deutschlands

In Deutschland gibt es 2.068 Städte, davon liegen nur 63 im ländlich geprägten Schleswig-Holstein. Eine davon würde man dem Anschein nach eher in die Kategorie »kleines Dorf« einordnen. Denn sie ist nur 0,45 Quadratkilometer groß und besteht aus gerade einmal sechs Straßen, in denen gut 300 Einwohner leben. Dass dieses kleine Örtchen Arnis den Status einer Stadt zugesprochen bekommen hat, liegt an der Beharrlichkeit seines ehemaligen Bürgermeisters Peter Holstein. Bis zur Gebietsreform im Jahr 1934 war Arnis ein »Flecken«. So nannte man Orte, die zwar eine zentralörtliche Funktion hatten, aber nur eingeschränkte Stadtrechte besaßen. Als Arnis diesen Status verlieren sollte, blieb der Bürgermeister hartnäckig. Er forderte, dass Arnis zur Stadt erhoben wurde, wie schon in den Jahren zuvor die meisten anderen schleswig-holsteinischen Flecken.

Doch genau dieser Eigensinn passt zu Arnis und seinen Bewohnern, denn ohne ihn wäre der Ort nie gegründet worden. Als 1666 der Gutsherr Detlev von Rumohr von den Bewohnern Kappelns den Treueeid verlangte, der sie damit zu seinen Leibeigenen gemacht hätte, widersetzten sich 64 Familien. Sie mussten daraufhin die Stadt verlassen und gründeten Arnis.

Das Städtchen liegt malerisch auf einer Landzunge in der Schlei. Die meisten Häuser liegen an der Langen Straße. Die rückwärtigen schmalen Gärten erstrecken sich bis zum Schleiufer. Die Lange Straße wurde bereits bei der Stadtgründung im Jahr 1667 angelegt. Ein Teil der Häuser vermittelt einen guten Eindruck davon, wie das Stadtbild damals ausgesehen haben mag. Sie besitzen noch die typischen Utluchten.

Das sind erkerartige Ausbuchtungen, die bis zum Boden reichen und durch ihre Rundumverglasung einen guten Ausblick auf das Geschehen auf der Straße bieten. Die Menschen in Arnis wollten eben schon immer wissen, wo es langgeht.

Adresse 24399 Arnis | **Anfahrt** A7, Ausfahrt Schleswig-Schuby, B201 Richtung Kappeln, bei Faulück rechts abbiegen, durch Faulück, Habertwedt und Grödersby nach Arnis | **Tipp** Am Nordende der Langen Straße hat man eine wunderschöne Aussicht auf die Schlei und nach Kappeln.

4_ Die Spiegelteiche
Vom Fischteich zum beliebten Ausflugsziel

Jeder größere Ort in der Holsteinischen Schweiz liegt an mindestens einem See. Auch Bad Malente ist von zwei Seen umgeben, dem Kellersee und dem Dieksee. Letzterer gehörte im 19. Jahrhundert zum Grundbesitz des Oldenburger Großherzogs Nikolaus Friedrich Peter. Da der Dieksee von mehreren Quellen gespeist wird, verfügt er über sehr klares und sauerstoffreiches Wasser und bietet vielen Fischen beste Lebensbedingungen. Unter anderem gedeihen hier Karpfen, Barsche, Hechte, Zander und Aale.

Die guten Bedingungen wollte sich der Großherzog zunutze machen und legte 1869 eine Fischzuchtanstalt im See an, die er mit Edelfischen wie Lachsen, Forellen und Saiblingen besetzen ließ. Am quellenreichen Seeufer im angrenzenden Waldgebiet Holm wurden drei zusätzliche Zuchtteiche angelegt, die mit Gräben verbunden waren – die Spiegelteiche. Hier sollten die Jungfische zur erforderlichen Größe heranwachsen, bevor sie in den Dieksee gesetzt werden konnten. Ihren Namen erhielten die Teiche durch ihre meist ruhige und glatte Oberfläche, in der sich die Laubbäume des Waldes spiegelten. Schnell wurden die Spiegelteiche für die Kurgäste eine Attraktion, ihren eigentlichen Nutzen erfüllten sie jedoch nicht. Durch das herabfallende Herbstlaub übersäuerte das Wasser, und die Jungfische konnten nicht gedeihen.

Auch die Aufzucht im Dieksee entwickelte sich nicht so positiv wie erwartet, und der Großherzog hatte das Draufzahlgeschäft schnell satt. Er verpachtete die Fischzucht, die fortan in kleinerem Stile als Besucherattraktion fortgeführt und 1897 ganz eingestellt wurde.

Die stimmungsvolle Atmosphäre an den Spiegelteichen ist jedoch geblieben, der Rundwanderweg zu jeder Jahreszeit beliebt. Einer der Teiche wurde ab 1955 für Kneipp'sche Anwendungen umgenutzt, da das Wasser hier immer sauber und erfrischend kühl ist. Hartgesottene können sich im Kneippbecken ans Wassertreten oder an ein kaltes Armbad heranwagen.

Adresse Waldgebiet »Holm«, Verlängerung der Diekseepromenade, 23714 Bad Malente |
Anfahrt A1, Ausfahrt Eutin, B76 Richtung Eutin, rechts Richtung Malente, in Malente
nach links Richtung Precise Hotel Dieksee, der Diekseepromenade bis ans Ende folgen,
die Spiegelteiche liegen im angrenzenden Waldgebiet | **Tipp** Im Waldgebiet nördlich des
Dieksees und der Bahnlinie liegen das Malenter Wildgehege und das Arboretum.

5___Die Verbandssportschule

Wo der Geist von Malente geboren wurde

Es war während der Fußball-Weltmeisterschaft 1974 im eigenen Lande, als Malente, ein beschauliches Städtchen in der Holsteinischen Schweiz, zu unverhoffter Bekanntheit kam. Nach einer mühseligen Vorrunde, die mit einer bitteren Niederlage gegen die DDR endete, war es die Abgeschiedenheit in der Verbandssportschule in Malente, die der deutschen Nationalelf ihre Ruhe und Kraft wiedergab. Die Mannschaft meldete sich überzeugend zurück und wurde schließlich Weltmeister. Der Geist von Malente war geboren.

Die nächsten zwanzig Jahre lang wurde das Vorbereitungscamp in Malente zum Erfolgsrezept des DFB vor Welt- und Europameisterschaften … und zur Quälerei für viele Nationalspieler. Denn die winzigen Doppelzimmer, der Jugendherbergscharme und die Abgeschiedenheit inmitten von Wäldern und Kuhweiden halfen den jungen Spielern zwar dabei, sich aufs Wesentliche zu konzentrieren, ließen aber auch schnell Lagerkoller aufkommen. Aber ganz egal, ob es den Fußballern in der Provinz gefiel oder nicht, die nach den Aufenthalten im Malenter Trainingscamp erzielten Ergebnisse sprechen für sich.

»Hier werden Weltmeister gemacht« – die Gravur auf einem Stein in der Auffahrt zur Sportschule zeugt vom Stolz auf die vergangenen Erfolge. Denn auch 1990 bereitete sich die Nationalmannschaft hier auf die siegreiche WM in Italien vor.

1994 kam das Team zum letzten Mal nach Malente. Seitdem gehört die Verbandssportschule wieder ganz den Nachwuchstalenten und angehenden Fußballtrainern, die hier gefördert werden beziehungsweise ihre Ausbildung abschließen. Wer nicht selbst gegen das Leder treten, sondern nur einmal Weltmeisterluft schnuppern oder im Bett des Kaisers übernachten will, sollte rechtzeitig buchen, denn die Sportschule ist das ganze Jahr über stark frequentiert. Bei der Buchung auf das Zimmer mit der Nummer 6 bestehen, denn in diesem schlief Franz Beckenbauer bei jedem Aufenthalt.

Adresse Am Stadion 4, 23714 Bad Malente-Gremsmühlen | **Anfahrt** A1, Ausfahrt Eutin, B76 Richtung Eutin, rechts Richtung Malente, in Malente nach rechts in die Eutiner Straße, rechts zweigt Am Stadion ab | **Tipp** In der Nähe, direkt am Kellersee gelegen, befindet sich das Gut Rothensande, das als Filmkulisse für die legendären Immenhof-Filme diente.

6 Das Brennermoor

So salzig wie die Nordsee

Gerade einmal 24 Hektar ist es groß, das Brennermoor. Es mag wie ein geradezu unbedeutender Fleck erscheinen, wenn man bedenkt, dass rund 140.000 Hektar, also fast ein Zehntel der Landesfläche Schleswig-Holsteins, aus Mooren bestehen. Doch der Winzling unter den Mooren hat es in sich: Das Wasser, das hier aus der Erde tritt, ist nämlich salzhaltig. Gespeist von einem unterirdischen Salzstock, hat das Grundwasser hier teilweise den Salzgehalt der Nordsee.

Und somit wird aus dem kleinen unbedeutenden Moor das größte binnenländische Salzmoor Schleswig-Holsteins. Deshalb wurde das Brennermoor nicht wie über 70 Prozent der landesweiten Moorflächen für die landwirtschaftliche Bewirtschaftung trockengelegt, sondern ist seit 1978 als Naturschutzgebiet ausgewiesen. In der salzigen Umgebung des Moors gedeihen Pflanzen und Tiere, die ansonsten nur an den Küsten der Nord- und Ostsee zu finden sind.

Wer als naturkundlicher Laie durch das Moor wandert, wird von diesen Besonderheiten des Salzmoors nicht viel bemerken. Auffällig sind lediglich die weißen Salzausblühungen, die im Sommer auf dem Holzbohlenweg zu finden sind. Keinesfalls zu übersehen sind hingegen die meterhohen Schilfrohrflächen, die sich auf beiden Seiten des Bohlenwegs erstrecken. Auch deshalb ist das Moor geschützt: Im Schilf finden viele Vogelarten einen Rast- und Brutplatz, darunter beispielsweise die seltenen Rohrschwirle, Tüpfel- und Kleinsumpfhühner.

Der schnellste Weg ins Moor startet an der »Grünen Brücke« und führt wenige Hundert Meter am südlichen Traveufer entlang. Nach dem Überqueren einer kleinen Holzbrücke beginnt der Bohlenweg, der die Besucher direkt ins Herz des Moors führt. Auf dem gut ausgebauten Bretterpfad lässt sich das Moor auch in Sonntagsschuhen trockenen Fußes erwandern.

Adresse Zur Grünen Brücke, 23843 Bad Oldesloe | **Anfahrt** A21, Ausfahrt Bad Oldesloe-Nord, Richtung Bad Oldesloe, links nach Wolkenwehe abbiegen, in Wolkenwehe nach links Zur Grünen Brücke abbiegen, am Ende des Feldwegs können zwei bis drei Autos geparkt werden | **Tipp** Im Bad Oldesloer Heimatmuseum werden unter anderem steinzeitliche Funde aus dem Brennermoor ausgestellt (Infos unter www.heimatmuseum-oldesloe.de).

7__Die Mennokate

Von Stormarn in die ganze Welt

Wenn man Bad Oldesloe in nördlicher Richtung verlässt, erreicht man nach wenigen Kilometern Altfresenburg. Zwischen dieser Siedlung und der Oldesloer Ortsausfahrt liegt direkt an der Straße eine einsame reetgedeckte Kate, die beschaulich im Schatten einer mächtigen Linde steht. Ein malerischer Anblick, den man so oder ähnlich vielerorts in Schleswig-Holstein finden kann. Aber nur in dieser Kate wurden einst Schriften gedruckt, die für Glaubensgemeinden in der ganzen Welt bedeutsam waren.

In der Mennokate soll sich Mitte des 16. Jahrhunderts die Druckerei von Menno Simons, Begründer und Namensgeber der Mennoniten, befunden haben. Im Zeitalter der Reformation gründete sich aus der Täuferbewegung die Glaubensgemeinschaft der Mennoniten heraus. Ihr Glaube orientiert sich eng an den Leitsätzen Christi, wie sie im Neuen Testament verfasst sind. Heute gibt es weltweit über eine Million Mennoniten, davon leben circa 40.000 in Deutschland. Mennonitische Gemeinden gibt es außerdem in Österreich, der Schweiz, in den Beneluxstaaten, in Kanada, den USA und in Südamerika.

Der 1561 verstorbene Menno Simons kam ursprünglich aus Westfriesland und soll seine letzten Lebensjahre in Fresenburg verbracht haben. Von hier aus diente er den mennonitischen Gemeinden hauptsächlich durch seine Schriften. Fast genau 400 Jahre nach seinem Tod wurden in der Mennokate Museumsräume eingerichtet, in denen Werke und Schriften von und über Menno Simons und die Mennoniten ausgestellt werden. Die Mennokate steht unter Denkmalschutz. Genau wie die Linde vor dem Haus, sie soll noch von Menno Simons selbst gepflanzt worden sein.

Heute ist die Mennokate nicht nur ein Museum, sondern dient gleichzeitig als privates Wohnhaus. Daher sollte man sich bei einem spontanen Besuch entsprechend rücksichtsvoll verhalten oder sich idealerweise vorher anmelden. Für den Besuch der Museumsräume ist eine vorherige Anmeldung in jedem Fall notwendig.

Adresse Altfresenburg bei 23843 Bad Oldesloe | **Anfahrt** A21, Ausfahrt Bad Oldesloe-Nord, Richtung Tralau/Borstel, in Nütschau rechts auf die Schloßstraße abbiegen, bei Schlamersdorf rechts Richtung Bad Oldesloe abbiegen, durch Altfresenburg fahren, die Mennokate liegt nach dem Ortsausgang links an der Straße | **Öffnungszeiten** nach Voranmeldung unter Tel. 04531/800767 | **Tipp** In der Nähe befindet sich das Freibad Poggensee, ein Naturbadesee mit Sandstrand.

8__ Der Kalkberg

Viel mehr als eine Freilichtbühne

Der Kalkberg in Bad Segeberg ist vor allem wegen der Karl-May-Festspiele deutschlandweit bekannt. Seit 1952 werden hier alljährlich die Abenteuergeschichten mit Winnetou aufgeführt. Und das seit Jahren mit Beteiligung von bekannten Gaststars. Über 300.000 Besucher haben sich in der Saison 2010 das Wildwestspektakel angesehen. Doch der Kalkberg hat noch viel mehr Geschichten zu erzählen.

Eigentlich müsste er ja Gipsberg heißen, der Kalkberg, denn das Anhydrit, aus dem der Berg besteht, wird durch Wassereinwirkung zu Gips. Das ist auch der Grund, warum der Kalkberg von seinen ursprünglich 110 Metern auf 91 Meter Höhe geschrumpft ist. Der Gipsabbau war ein einträgliches Geschäft, da er in der Baubranche vielseitige Verwendung fand. Nachdem 1931 der Gipsabbau eingestellt wurde, baute man wenige Jahre später in die entstandene Grube die Freilichtbühne. Und somit war eine neue Möglichkeit gefunden, wie aus dem Berg Profit zu schlagen war.

Der Kalkberg hat es auch unter der Oberfläche in sich. Erst 1913, also hunderte Jahre nachdem die Menschen begonnen hatten, den Berg für sich zu nutzen, wurde die Kalkberghöhle entdeckt. Sie ist das Winterquartier für 15.000 Fledermäuse. Sogar das Große Mausohr, die seltenste Fledermausart Schleswig-Holsteins, sucht hier im Winter Unterschlupf. Auch zum Schutz dieser empfindlichen Gattung kann die Höhle nur in den Sommermonaten besichtigt werden.

Und noch eine weitere Tierart ist hier beheimatet. Der Segeberger Höhlenkäfer lebt ganzjährig in der Kalkberghöhle. Ihn findet man nur hier und nirgends sonst auf der Welt. Wie gut, dass der Kalkberg und sein Höhlensystem unter Naturschutz stehen. Davon profitieren nicht nur die Fledermäuse und Höhlenkäfer, sondern auch ein Uhu-Elternpaar. Das hat es sich in einer Felsmulde oberhalb der Freilichtbühne gemütlich gemacht, um hier seine Jungen auszubrüten.

Adresse Am Kalkberg, 23795 Bad Segeberg | **Anfahrt** A20 Richtung Bad Segeberg, weiter auf B206, Beschilderung Kalkberg/Karl-May-Festspiele folgen | **Tipp** Direkt am Kalkberg liegt das Fledermaus-Zentrum Noctalis (Oberbergstraße 27), das auch Führungen durch die Kalkberghöhle anbietet.

9__Das Kloster Cismar

Der Konvent der unkonventionellen Mönche

Das ehemalige Kloster Cismar ist eines der bekanntesten in Schleswig-Holstein. Im Mittelalter waren es über 800 wertvolle Reliquien, unter anderem ein Blutstropfen Christi, die das Kloster zu einem bedeutenden Wallfahrtsort machten. Heute ist es insbesondere der Altar, der die Besucher anzieht. Schließlich ist der dreiflügelige Altarschrein vom Anfang des 14. Jahrhunderts der älteste geschnitzte Altarschrein der Kunstgeschichte.

Dass es überhaupt dazu kam, dass in der ostholsteinischen Küstenlandschaft ein Benediktinerkloster gegründet wurde, lag daran, dass es die Mönche mit der Frömmigkeit nicht ganz so genau genommen hatten. Sie lebten vor ihrem Umzug nach Cismar im Lübecker St.-Johannis-Kloster, das 1177 eigens für die Benediktinermönche gegründet worden war. Im Kloster waren jedoch auch einige Nonnen untergebracht. Aug in Aug mit der Versuchung waren einige Mönche zu schwach und gaben sich unsittlichem Verhalten hin. Das handelte ihnen großen Ärger mit den Zisterziensern ein, die darauf drängten, dass die Benediktiner des Klosters verwiesen werden sollten. 1246 wurde die Strafversetzung in die damalige Einöde der Halbinsel Wagrien vollstreckt, und die Mönche siedelten nach Cismar um. Danach sollte die Blütezeit des Klosters beginnen. Schenkungen und Stiftungen des Adels ließen den Landbesitz und damit auch die Einnahmequellen des Klosters schnell anwachsen.

Im Zuge der Reformation wurden die Ländereien 1544 verstaatlicht, die Abtei wurde 1561 aufgelöst, und die Herzöge von Schleswig-Holstein-Gottorf richteten sich im Kloster Residenzräume ein. Das Kloster wurde zum Gutshof. Nur der Chor der Klosterkirche mit dem berühmten Altar ist erhalten geblieben und diente dem jeweiligen Gutsherren als Privatkapelle. Heute werden in den ehemaligen Residenzräumen wechselnde Kunstausstellungen des Landesmuseums für Kunst und Kulturgeschichte gezeigt.

Adresse Bäderstraße 42, 23743 Cismar | **Anfahrt** A1, Ausfahrt Lensahn, Richtung Cismar |
Öffnungszeiten während der Sommersaison (genaue Daten unter Tel. 04366/1080 erfragen)
Di–So 10–17 Uhr | **Tipp** Die Klosterkirche und der Altar können nur im Rahmen einer
Führung (April–Okt. immer Mi, Sa 17 Uhr) besichtigt werden.

10_ Das Danewerk

Der Limes des Nordens

Was den Süddeutschen ihr Limes ist den Norddeutschen ihr Danewerk. Nämlich ein ehemaliger Grenzwall, um feindliche Angriffe abzuwehren. Dass ausgerechnet die Wikinger ihre Zeit für
den Bau einer so aufwendigen Anlage opferten, scheint etwas verwunderlich. Denn für gewöhnlich erbauten kultivierte Völker Be-
festigungsanlagen, um sich vor räuberischen Barbaren zu schützen.
Und ebensolche waren die Wikinger selbst, schließlich waren sie
mit ihren schnellen Drachenbooten Meister der ufernahen Raubzü-
ge. Doch auf dem Festland konnten sie ihre Überraschungstaktik
nicht nutzen und mussten sich in Südschleswig mit den benachbarten Sachsen und Slawen herumschlagen. Damals war Haithabu
der wichtigste Warenumschlagplatz zwischen Ost- und Nordsee.
Von hier aus wurden Waren auf dem Landweg nach Westen transportiert, wo sie wieder auf Schiffe verladen werden konnten und
über Treene und Eider in die Nordsee gelangten. Somit diente das
Danewerk vermutlich in erster Linie der Sicherung dieses Han-
delswegs.

Auf einer Länge von 30 Kilometern entstand die Befestigungsanlage, die in mehreren Bauabschnitten über mehrere Jahrhunderte
ausgebaut wurde. Zwischen 737 und 1170 sollen die Bauarbeiten er-
folgt sein, einige Wallteile werden jedoch sogar auf das Jahr 650 datiert. In der Endphase des Baus entstand die sogenannte Waldemarsmauer, die auf knapp vier Kilometern Länge Bestandteil des
Danewerks ist. Im Sommer 2010 konnte nach dem Abriss eines alten Gasthauses endlich das Tor in der Waldemarsmauer freigelegt
werden. Es war gleichzeitig der einzige Durchlass im gesamten Danewerk. Dieser Fund hat nicht nur unter deutschen Archäologen für
Furore gesorgt, sondern auch in Dänemark die Aufmerksamkeit auf
sich gezogen. Schließlich gilt das Danewerk bei den Wikinger-Nach-
fahren, die mittlerweile gar nicht mehr barbarisch sind, als Natio-
naldenkmal.

Adresse Ochsenweg 5, 24867 Dannewerk | **Anfahrt** A7, Ausfahrt Schleswig-Jagel, Richtung Klein Rheide/Dannewerk, rechts in den Ochsenweg nach Kleindannewerk abbiegen | **Tipp** Direkt an der Straße, in unmittelbarer Nähe zur Waldemarsmauer, befindet sich das Danewerkmuseum. Hier erfährt man alles Wissenswerte über das Danewerk.

11 Die Kirche zu Borby

Kirche mit drei Türmen

Das älteste Gebäude der Stadt Eckernförde ist die Kirche in Borby, deren Baubeginn auf den Zeitraum zwischen 1150 und 1180 datiert wird. Doch dieses Gebäude würde gar nicht zur Stadt Eckernförde gehören, hätte nicht 1934 der damalige NS-Bürgermeister Helmut Lemke das »rote Nest« Borby eingemeindet. Die Borbyer waren nämlich ihrem SPD-Bürgermeister Richard Vosgerau treu geblieben und hatten ihn noch 1933 wiedergewählt. Durch die Eingemeindung konnte Lemke nicht nur seinen unliebsamen Amtskollegen loswerden, sondern auch die Konkurrenzsituation zwischen Eckernförde und Borby beenden. Das benachbarte Borby hatte zum damaligen Zeitpunkt über 2.000 Einwohner und war damit die zweitgrößte Gemeinde im Kreis Eckernförde.

Nun gehörte die Borbyer Kirche auf dem Petersberg, von dem man einen schönen Blick auf die Eckernförder Bucht, den Hafen und die Innenstadt hat, zu Eckernförde. Doch diese Änderung der Ortszugehörigkeit ist nicht der Rede wert, im Vergleich zu dem, was die Kirche in den Jahrhunderten zuvor erlebt hat. Die Feldsteinkirche bekam erst 400 Jahre nach ihrem Bau einen steinernen Kirchturm und stand wenige Jahre später doch wieder ohne da. Ein Blitzschlag war schuld. Nach rund 50 Jahren wurde Turm Nummer 2 erbaut, dem riss aber schon nach 70 Jahren ein Sturm die Spitze ab. Später wurde der reparaturanfällige Turm abgetragen und erst 1893 wieder aufgebaut.

Doch die Kirche hat nicht nur zweimal ihren Turm verloren, beinahe hätte man ihr auch den Boden unter den Mauern weggezogen: Der Petersberg, auf dem das Gotteshaus erbaut ist, hieß früher Ballastberg. Steine und Sand wurden abgetragen, um auf leer in See gehende Schiffe verladen zu werden. Glücklicherweise wurde dieses Prozedere gestoppt, bevor der Berg vollständig abgetragen war. Die Kirche konnte ihren Standort hoch über der Stadt behalten, und die Besucher können heute die schöne Aussicht genießen.

Adresse Bergstraße 38, 24340 Eckernförde | **Anfahrt** B76 oder B203 Richtung Eckernförde, dann Reeperbahn in Richtung Stadtzentrum, am Hafen rechts halten und auf Vogelsang, links in die Prinzenstraße, links in die Bergstraße, Parkplatz unterhalb der Kirche | **Öffnungszeiten** Okt.–April nur zum Gottesdienst, Mai–Sept. unter Tel. 04351/889944 erfragen | **Tipp** Im nahe gelegenen Restaurant »Siegfried Werft« (von der Kirche die Straße Petersberg hinabgehen) sollte man ein Kakabellen-Bier trinken, das es nur in Eckernförde gibt.

12 Die Fischräucherei Rehbehn & Kruse

Von hier stammen die Kieler Sprotten

Was dem Thüringer die Würstchen, dem Lübecker das Marzipan oder dem Aachener die Printen, das sind dem Kieler die Sprotten. So sollte man meinen. Aber die Kieler können beim Verzehr der bekannten Fischspezialität leider nicht voller Stolz behaupten, dass es sich dabei um eine Erfindung aus ihrer Heimatstadt handelt. Auch wenn sie unter dem Namen »Kieler Sprotten« über die Grenzen Schleswig-Holsteins hinaus bekannt geworden sind, kommen die zarten goldenen Fischlein ursprünglich nicht aus der Landeshauptstadt. Es handelt sich hierbei schlichtweg um einen Fall von Etikettenschwindel. Die Kieler Sprotte stammt nämlich aus Eckernförde.

»In Eckernför dar hebbt wi't rut, ut Sülwer Gold to maken.« – »In Eckernförde haben wir es raus, aus Silber Gold zu machen.« So beschrieben die Eckernförder seinerzeit die Verfärbung der Sprotten, die silbern aus dem Meer gezogen wurden und goldfarben den Räucherofen verließen. Zu Beginn des vergangenen Jahrhunderts, als die Fischerei noch ein wichtiger Wirtschaftsfaktor der Stadt war, gab es in Eckernförde über 30 Fischräuchereien, die den frisch angelandeten Hering verarbeiteten. In dieser Blütezeit der Sprotten wurde 1919 die Räucherei Rehbehn & Kruse gegründet, die heute als letzte Räucherei in Eckernförde übrig geblieben ist. Während sich die Produktion anfangs auf Kieler Sprotten und Schleibücklinge beschränkte, werden mittlerweile auch Aale, Heilbutt, Schillerlocken und weitere Spezialitäten angeboten. Geräuchert wird aber weiterhin nach alter Tradition im Altonaer Ofen über Erlen- und Buchenholz. Nur so wird aus dem heringsartigen Fisch eine echte Kieler Sprotte.

Aber wie kam es eigentlich zur Namensgebung »Kieler Sprotte«? Die flachen Holzkisten, in denen die Sprotten ausgeliefert wurden, bekamen im nächstgelegenen Bahnhof einen Versandstempel. Und dies war eben der Kieler Bahnhof.

Adresse Jungfernstieg 19, 24340 Eckernförde | Anfahrt B76 oder B203 Richtung Eckern-
förde, Reeperbahn in Richtung Stadtzentrum, rechts in die Preußerstraße, links in Am Exer,
rechts in den Jungfernstieg | Öffnungszeiten Ladengeschäft: Mo–Fr 8.30–18.30 Uhr,
Sa 8.30–13 Uhr | Tipp Gruppen können sich zur Besichtigung anmelden, Kontakt unter
Tel. 04351/2814.

13 Das Windebyer Noor

Die Heimat einer weltberühmten Moorleiche

Wer das Wasser liebt, ist in Eckernförde genau am richtigen Fleck, denn die Innenstadt ist gleich von zwei Gewässern umgeben. Im Osten grenzt der Ostseestrand direkt an die Altstadt, im Westen schieben sich zwei Ausbuchtungen des Windebyer Noors, einem fast 900 Hektar großen Binnensee, dicht an das Stadtzentrum heran. Während der Eiszeit war das Noor, der Begriff leitet sich vom dänischen »Nor« ab und bedeutet so viel wie Bucht, ein Teil der Ostsee. Erst durch Sandablagerungen bildete sich ein Nehrungshaken aus, auf dem heute die Eckernförder Innenstadt liegt. Dass das Windebyer Noor mittlerweile vollständig von der Ostsee getrennt ist, liegt aber an künstlichen Aufschüttungen, die 1929 vorgenommen wurden.

Wanderfreunde können das Noor auf einem zehn Kilometer langen Weg, der zu weiten Teilen direkt am Ufer entlangführt, umrunden. Kaum vorstellbar, dass dort, wo heute weite Felder und Bruchwälder zu sehen sind, vor über 2.000 Jahren Menschen siedelten. Darauf deuten zumindest archäologische Funde rund um das Noor hin wie zum Beispiel das 1952 von Torfstechern entdeckte »Mädchen von Windeby«, das einst eine der berühmtesten Moorleichen der Welt war. Ihre Berühmtheit erlangte sie nicht nur durch ihre außergewöhnlich gute Konservierung, sondern auch durch den Mythos, der um den Fund aufgebaut wurde. Verschiedene Details der Ausgrabungen wurden so gedeutet, dass es sich bei der Moorleiche um eine junge Frau handelte, die als Ehebrecherin hingerichtet wurde. Der Mythos konnte erst über 50 Jahre später eindeutig widerlegt werden, denn das Mädchen ist in Wirklichkeit ein Junge.

Im Noor selbst werden weitere archäologische Überreste vermutet, da der Wasserstand der Ostsee in der Eisenzeit wesentlich niedriger war. Wer weiß, vielleicht wird hier eines Tages das Atlantis der Ostseeküste gefunden. Das Windebyer Noor birgt offensichtlich noch viele Geheimnisse.

Adresse Noorstraße, 24340 Eckernförde | **Anfahrt** B76 oder B203 Richtung Eckernförde, die Noorstraße kreuzt die B76/B206, die hier Flensburger Straße heißt | **Tipp** Der Leichnam des Mädchens von Windeby kann im schleswig-holsteinischen Landesmuseum Schloss Gottorf in Schleswig besichtigt werden.

14 Die Bräutigamseiche im Dodauer Forst

Der erste Baum mit eigener Postadresse

Westlich von Eutin, inmitten des Naturparks Holsteinische Schweiz, liegt der Dodauer Forst, ein beschauliches Wäldchen aus Buchen und Eichen, die teilweise mehr als 100 Jahre alt sind. Aber auch einige seltene Pflanzen sind hier zu finden, wie zum Beispiel mehrere hohe Mammutbäume in unmittelbarer Nähe des Forsthauses Dodau, das Mitte des letzten Jahrhunderts als Schauplatz der Immenhof-Reihe bekannt wurde. Der eigentliche »Star« im Dodauer Forst ist aber eine einfache, wenn auch sehr alte Eiche.

Mehr als 500 Jahre soll sie alt sein, die Bräutigamseiche, der bekannteste Baum im Dodauer Forst. Berühmt wurde sie im Jahr 1891, als unter ihren Ästen die Tochter des damaligen Oberforstmeisters vermählt wurde. Da der Vater der Braut anfänglich gegen die Verbindung war und den Kontakt verbot, diente die Eiche dem Paar als Liebesbote: In einem Astloch versteckten sie heimlich ihre Liebesbriefe. Als der Vater schließlich einsehen musste, dass er gegen diese Liebe nichts ausrichten konnte, gab er schließlich nach, und das Paar heiratete unter der Bräutigamseiche, die seitdem diesen Namen trägt.

Die Liebesgeschichte rund um die Eiche verbreitete sich schnell, und bald schon hofften weitere Heiratswillige, auf diesem Weg ihr Glück zu finden. Viele Menschen aus aller Welt schickten Briefe an die Bräutigamseiche. Daraufhin wurde 1927 eine Leiter am Baum aufgestellt, um dem Postboten die Zustellung der Briefe in das Astloch zu erleichtern. Und die Eiche erhielt als erster Baum in ganz Deutschland eine eigene Postanschrift. Sie lautet: Bräutigamseiche, Dodauer Forst, 23701 Eutin. Noch heute kommen täglich bis zu 40 Briefe an, die von jedem, der die Eiche besucht, gelesen werden dürfen. Wer einen Partner sucht, sollte es einmal auf diesem Weg versuchen, denn mit angeblich über 100 Ehevermittlungen ist die Bräutigamseiche erfolgreicher als viele Partneragenturen.

Adresse Dodauer Forst, 23701 Eutin | **Anfahrt** A1, Ausfahrt Eutin, bei Eutin rechts auf die Plöner Landstraße abbiegen, die Bräutigamseiche ist ausgeschildert | **Tipp** Die Bräutigamseiche liegt an einem schönen Rundwanderweg durch den Dodauer Forst.

15 — Das Jagdschlösschen am Ukleisee

Das Haus am sagenumwobenen See

Es war Friedrich August I., Fürstbischof von Lübeck, der 1776 am Ukleisee einen Jagdpavillon für seine Gemahlin errichten ließ. Was man heute nicht mehr sieht: Ursprünglich war das Jagdschlösschen nicht nur mit Blick auf den Ukleisee, sondern auch auf den nahe gelegenen Kellersee errichtet worden. Die zunehmende Bebauung des Eutiner Ortsteils Sielbeck versperrt mittlerweile den Blick vom Gebäude zum Kellersee. Dafür ist die Aussicht auf den Ukleisee umso beeindruckender. Der Jagdpavillon thront auf einer Anhöhe über dem von einem dichten Buchenwald umgebenen See. Eine Waldschneise eröffnet dem Besucher den Blick auf das tiefer gelegene Gewässer.

Wer die Aussicht vom Jagdschlösschen genossen und die Natur auf dem einstündigen Spaziergang um den Ukleisee erkundet hat, den verwundert es nicht, dass sich der Fürstbischof ausgerechnet diesen Standort für sein »Wochenendhäuschen« ausgesucht hat. Doch für einen hochherrschaftlichen Barockbau ist das naturbelassene Umfeld recht ungewöhnlich. Aufwendig gestaltete Parkanlagen waren damals üblicher. Vielleicht war es aber gar nicht die Natur, die den Fürstbischof zu dieser Standortwahl verleitete, sondern die verschiedenen Legenden, die sich um den See ranken. Eine besagt, dass der See aus den Tränen einer Nymphe entstanden ist, die ihrem untreuen Geliebten nachgeweint hat. Eine andere Legende handelt von einem Ritter, der anstelle einer ihm versprochenen armen Magd lieber eine reiche Gräfin heiratete. Am Tag der Trauung brach ein Unwetter herein, das die Kirche, die auf dem heutigen Seegrund gestanden haben soll, überflutete.

Es ist nicht überliefert, ob der Fürstbischof die Sagen kannte. Interessant ist jedoch, dass er seiner Frau ein Jagdschloss an einem See bauen ließ, um den sich Legenden von treulosen Männern ranken. Heute finden im Jagdpavillon Konzerte, Ausstellungen und – trotz der Legenden – standesamtliche Trauungen statt.

Adresse Zum Ukleisee 19, 23701 Eutin-Sielbeck | **Anfahrt** A1, Ausfahrt Eutin, B76 Richtung Eutin, links Richtung Eutin/Bosau/Malente abbiegen, der Umgehungsstraße folgen, durch Fissau nach Sielbeck, rechts Zum Ukleisee abbiegen | **Öffnungszeiten** Mitte Mai bis Mitte September Di–So 11–16 Uhr | **Tipp** Auf dem benachbarten Kellersee kann man eine zweistündige Rundfahrt unternehmen. Abfahrt ist am Fährhaus Sielbeck-Uklei.

16 Das Schloss und die Fasaneninsel

Die Keimzelle der Stadt

Das Eutiner Schloss ist nicht nur im Mittelpunkt der Stadt gelegen, sondern stellt auch das kulturelle Zentrum Eutins dar. Auf der Freilichtbühne im Schlosspark finden jeden Sommer die Eutiner Festspiele statt. In den Gebäuden rund um den Schlossplatz befinden sich das Ostholstein-Museum, die Kreisbibliothek und die Eutiner Landesbibliothek. Und auch ein Teil des Schlosses selbst ist zum Museum geworden. Zu sehen ist hier die noch zu weiten Teilen erhaltene Originalausstattung der Schlossräume: Gemälde, Möbel und Kunsthandwerk aus der Zeit des Spätbarocks, der Régence und des Klassizismus.

Aber nicht nur geografisch und kulturell sind die Schlossanlagen das Herz Eutins, auch historisch liegen hier die Wurzeln der Stadt. Auf der Fasaneninsel im großen Eutiner See befand sich ab dem 9. Jahrhundert eine slawische Burg mit dem Namen »Utin«. Am Ufer des Sees, dort, wo sich heute das Schloss und die Eutiner Innenstadt befinden, entwickelte sich die zur Burg gehörige Siedlung. Als die Holsten die Region im 12. Jahrhundert eroberten, zerstörten sie die Burganlage. Die Siedlung am Ufer blieb erhalten und mit ihr auch der Name Utin. Aus beiden entwickelte sich das heutige Eutin.

Auch an der Stelle, wo heute das Eutiner Schloss steht, befand sich einst eine Burg. Ihre Ursprünge liegen im Jahr 1160, als die Lübecker Bischöfe hier ihre Residenz errichten ließen – in sicherer Entfernung zur Hansestadt, mit deren Bürgerschaft die Geistlichen oft in Konflikt gerieten. Ab dem 16. Jahrhundert residierten hier die Fürstbischöfe aus dem Hause Gottorf, die späteren Herzöge von Oldenburg. Noch bis ins Jahr 1918 nutzte die herzogliche Familie das Schloss als Sommerresidenz. Im Sommer 2010 wehte wieder ein Hauch dieser Zeit in den alten Schlossmauern: Tatjana Herzogin von Oldenburg ließ sich in der Schlosskapelle trauen, und der europäische Hochadel war zu Gast in Eutin.

Adresse Schlossplatz 5, 23701 Eutin | **Anfahrt** A1, Ausfahrt Eutin, B76 Richtung Eutin, erste Abfahrt nach Eutin, der Beschilderung zum Schloss folgen | **Öffnungszeiten** Schlossbesichtigungen nur mit Führung möglich, Informationen unter www.schloss-eutin.de | **Tipp** Im benachbarten Ostholstein-Museum wird neben Landschaftsmalerei und Kunsthandwerk eine Dauerausstellung mit dem Thema »Eutin zur Goethezeit« gezeigt.

17 Der BorderShop Puttgarden

Das Schlaraffenland der Versuchungen

»Velkommen i paradis!« Das Paradies befindet sich in diesem Fall im Fährhafen Puttgarden auf der Insel Fehmarn und ist eines der meistbesuchten Ziele für dänische Tagestouristen. Doch auch für deutsche Konsumwillige lohnt sich ein Besuch des BorderShops, einem schwimmenden Einkaufszentrum, das von der Reederei Scandlines seit etwa zehn Jahren betrieben wird.

Auf nicht weniger als vier Decks mit 8.000 Quadratmetern Fläche wird ein riesiges Sortiment an Spirituosen und Süßigkeiten angeboten. 900 verschiedene Weine, 250 verschiedene Whiskysorten, eine Auswahl von 40 Cognacs und Weinbränden und unzählige Mengen skandinavisches, britisches und deutsches Dosenbier lassen das Herz eines jeden Skandinaviers, der zu Hause infolge der hohen Besteuerung ein Vielfaches für Alkohol bezahlen muss, höherschlagen. Ganze Busse aus Dänemark machen sich auf den Weg und fahren mit einer der Fähren vom dänischen Rødby über den Fehmarnbelt direkt in den Hafen Puttgarden. Dort wartet bereits das 100 Meter lange und 38 Meter breite Ponton auf zahlungskräftige Kunden. Es heißt, dass im BorderShop in Puttgarden einer der größten Weinbestände Europas gelagert wird.

Draußen auf dem Parkplatz begegnet man glückseligen Skandinaviern mit ihren Einkaufswagen und staunt über die Mengen an Alkohol, die im Rahmen des Erlaubten ausgeführt werden.

Der BorderShop hat aber auch für Naschkatzen einiges zu bieten. Ein ganzes Deck widmet sich Schokoladen aus der Schweiz, Lakritzen aus Dänemark, Keksen aus England und Fruchtgummi aus Deutschland. King-Size-Packungen lassen den Einkaufsbummel zu einem Gang durchs Schlaraffenland werden. Wem die Preise im BorderShop zu hoch sind oder die angebotenen Waren nicht zusagen, der kann einen Spaziergang auf die angrenzende Mole machen, von wo sich die Hafeneinfahrt und der rege Schiffsverkehr zwischen dem dänischen Lolland und Fehmarn beobachten lassen.

Adresse Fährhafenstraße, 23769 Fehmarn-Puttgarden | **Anfahrt** A1, weiter auf B207 bis Fährhafen Puttgarden, letzte Abfahrt vor dem Fährterminal links abbiegen und der Beschilderung folgen | **Öffnungszeiten** täglich, auch feiertags 6–20 Uhr | **Tipp** Eine Fährfahrt nach Rødby und zurück kostet für Fußgänger je nach Jahreszeit nur 6 beziehungsweise 9 Euro. An Bord gibt es die original Røde Pølse, die knallrote dänische Wurst.

18__Der Jimi-Hendrix-Gedenkstein

Ein Rockfestival voller Pannen

Vom 4. bis 6. September 1970 fand auf Fehmarn das Love-and-Peace-Festival statt, das eine europäische Antwort auf das legendäre Woodstock-Festival geben sollte. Das chaotische Rockfestival ging in die Musikgeschichte ein: Jimi Hendrix gab hier das letzte Konzert vor seinem Tod. Bei Flügge, am südwestlichsten Zipfel Fehmarns, markiert ein Gedenkstein den Ort des Konzertes.

Knapp zwei Wochen blieben Hendrix nach seinem Auftritt auf Fehmarn noch auf dieser Welt, doch schon lange Zeit vorher war er in keiner guten physischen und psychischen Verfassung mehr. Durch den exzessiven Drogenkonsum litt auch die Qualität seiner Auftritte. Aber das dürfte seine Fans auf dem Fehmarner Love-and-Peace-Festival nicht sonderlich gestört haben. Schließlich gingen Hendrix' Auftritt zweieinhalb Festivaltage mit mehr oder minder großen Katastrophen voraus. Der erste Tag war von Sturm und Dauerregen bestimmt, was den technischen Anlagen ziemlich zusetzte und massive Tonprobleme bei den Auftritten verursachte. Nebenbei hatten sich 180 Rocker der Hells Angels gewaltsam Kontrolle über das Festivalgelände verschafft und fungierten als selbst ernannte »Ordner« mit eigenen Regeln bei der Einlasskontrolle. Am zweiten Tag wurde den Besuchern mitgeteilt, dass die angekündigten Rockgrößen Ten Years After und Procol Harum nicht auftreten würden und dass das Konzert von Jimi Hendrix auf den nächsten Tag verschoben würde. Am dritten und letzten Festivaltag schien dann erstmals die Sonne, und die Besucher sahen endlich Jimi Hendrix live.

Trotz der vielen Pannen erinnern sich die damaligen Hippies gern und mit verklärtem Blick an das Festival. Seit 1995 haben sie nun jedes Jahr Gelegenheit, die alte Zeit wieder aufleben zu lassen. Das Jimi-Hendrix-Revival-Festival findet alljährlich an demselben historischen Ort am Flügger Strand statt. Allerdings etwas besser organisiert.

Jimi Hendrix
Fehmarn
Love and Peace Festival
4.–6. Sept. 1970

Adresse Flügge, 23769 Fehmarn | **Anfahrt** A1, weiter auf B207, Richtung Landkirchen abbiegen, durch Landkirchen, Lemkendorf und Petersdorf bis Sulsdorf fahren, nach rechts Richtung Flügge abbiegen, beim Flügger Campingplatz dem deichartigen Fußweg ca. 1.000 Meter Richtung Norden folgen | **Tipp** Der Fußweg Richtung Süden führt zum Flügger Leuchtturm, der auch als Standesamt genutzt wird und eine großartige Aussicht auf den Fehmarnsund bietet.

19 Das Niobe-Denkmal
Erinnerung an eine Blitz-Katastrophe

An der Nordküste der Insel Fehmarn ragt direkt am Strand von Gammendorf ein Schiffsmast in die Höhe. Nichts Ungewöhnliches an der Ostsee, doch hier fehlen das Segel und der Rumpf des Schiffes. Dafür steht direkt neben dem Mast ein Gedenkstein, denn es handelt sich um ein Denkmal für das verunglückte Segelschulschiff Niobe.

Die Niobe war ein Schulschiff der Reichsmarine. Sie wurde aber nicht in einem Kriegsmanöver getroffen. Sie sank am 26. Juli 1932, in Friedenszeiten, an einem schönen Sommertag mit ruhiger See und nur acht Kilometer von der Küste entfernt. Eine sogenannte Weiße Bö wurde der Niobe zum Verhängnis. Diese heftigen Sturmböen treten ohne Vorwarnung auf. Plötzlich färbt sich die See wegen der entstehenden Schaumkronen weiß, und für Segelschiffe wird es besonders gefährlich, wenn die Segel nicht mehr rechtzeitig eingeholt werden können. Da die Niobe zehn Jahre zuvor umgebaut und ihre Segelfläche um gut ein Drittel vergrößert worden war, traf der überraschende Sturm das Schiff besonders schwer. Es kenterte und sank innerhalb weniger Minuten, da wegen des schönen Wetters alle Bullaugen und Luken geöffnet waren. Die Seeleute unter Deck hatten keine Chance gegen die eindringenden Wassermassen. Trotz schneller Hilfe konnten nur 40 der 109 Besatzungsmitglieder gerettet werden.

Das Denkmal wurde durch den Gammendorfer Lehrer Peter Björnsen errichtet. Er unternahm am Tag der Katastrophe mit seiner Schulklasse einen Ausflug an den Strand, denn das Flugboot DOX, damals das größte Flugzeug der Welt, sollte den Fehmarnbelt passieren. Doch dann wurden Lehrer und Schüler Augenzeugen des tragischen Unglücks. Genau ein Jahr später wurde der Gedenkstein enthüllt und wenige Monate darauf das Denkmal eingeweiht. Die Inschrift »Es ist nicht nötig, daß ich lebe, wohl aber, daß ich meine Pflicht tue« soll jedoch nicht von den Nazis stammen, sondern auf Friedrich den Großen zurückgehen.

Adresse Strand bei Gammendorf, 23769 Fehmarn | **Anfahrt** A1, weiter auf B207, Richtung Landkirchen abbiegen, in Landkirchen weiter nach Bisdorf und Gammendorf, in Gammendorf rechts abbiegen und der Straße bis zum Strand folgen | **Tipp** Ein Spaziergang am Strand lohnt sich wegen der ausgeprägten Dünenlandschaft mit Strandseen.

20 __ Die Surfschule Charchulla
Die Schule der legendären Surftwins

Jung, braun gebrannt, mit zerzaustem, von der Sonne ausgeblichenem Haar und das Surfbrett immer lässig unterm Arm – so das gängige Klischee. Und viele surfbegeisterte Jugendliche versuchen, es auch möglichst detailgenau zu erfüllen.

Doch wenn zwei 70-jährige Männer mit Rauschebärten den Fehmarner Südstrand betreten, schlägt die Coolness sekundenschnell in Ehrfurcht um. Die Zwillinge Manfred und Jürgen Charchulla, Jahrgang 1939, sind die Pioniere des Windsurfens in Deutschland. 1973 gründeten sie in Bremen einen der weltweit ersten Surfshops, 1974 gaben sie auf Sylt die ersten Windsurfkurse, und 1975 ließen sie sich schließlich am Burger Binnensee auf Fehmarn nieder, um ihre Surfschule zu eröffnen. Seitdem ist das Windsurfen von Fehmarn nicht mehr wegzudenken und der Südstrand das deutsche Surfmekka.

Und das ist kein Wunder, denn sie wählten den idealen Ort, um Surfanfängern den Sport näherzubringen. Der Burger Binnensee ist ein durch zwei Nehrungen von der Ostsee abgetrenntes Haff. In dem stehtiefen Wasser können die Surfer somit nicht abtreiben und in einem sehr sicheren Revier ihre ersten Stehversuche auf dem Brett unternehmen.

Aber auch Profis schätzen die besonderen Bedingungen am Fehmarner Südstrand: Durch die geografische Lage Fehmarns direkt vor der Ostholsteinischen Küste entsteht im Fehmarnsund ein sogenannter Düseneffekt, der dem Segelrevier stets ordentlichen Wind verschafft.

Die Surfschule existiert noch heute, auch wenn die Surftwins, wie sich die Charchullas nennen, mittlerweile das Rentenalter erreicht haben und nicht mehr selbst unterrichten. Im Sommer sind sie trotzdem regelmäßig »in ihrem Revier« zu finden. Schließlich betreiben sie eine Karibikbar, die zur Surfschule gehört, und haben 2007 auf Fehmarn das erste europäische Windsurfmuseum eröffnet.

Adresse Strandallee, Burgtiefe, 23769 Burg auf Fehmarn | **Anfahrt** A1, weiter auf B207, Richtung Burg abbiegen, in Burg der Beschilderung Richtung Burgtiefe/Südstrand folgen | **Öffnungszeiten** Surfshop und Karibikbar öffnen im Sommer ab 10 Uhr und schließen, wenn der letzte Gast gegangen ist. | **Tipp** In Burg befindet sich das Surfmuseum Fehmarn (Landkirchener Weg 46, 2. Stock, über der Modelleisenbahn).

21 Die Beate-Uhse-Zentrale

Vom Schmuddelimage zum Bundesverdienstkreuz

Fast jeder kennt sie, aber fast niemand gehört zu ihren Kunden – und doch hat es die Beate Uhse AG auf wundersame Weise geschafft, sich von einem kleinen Flensburger Sexshop zu einem internationalen Konzern zu entwickeln. Das Unternehmen bezeichnet sich selbst sogar als den »weltweiten Marktführer im erotischen Zubehörhandel«.

Begonnen hat diese außergewöhnliche Firmengeschichte, als die Wahl-Flensburgerin Beate Uhse, die nach ihrer zweiten Hochzeit eigentlich Beate Rotermund hieß, im Jahr 1946 Handzettel für 50 Pfennig verkaufte, auf denen sie über natürliche Verhütungsmethoden aufklärte. Wenige Jahre später gründete sie einen Versandhandel für ihr Aufklärungsmaterial und eröffnete 1962 den weltweit ersten Sexshop in Flensburg. Damals nannte sich das Fachgeschäft noch »Institut für Ehehygiene«, und das Sortiment war zunächst auf Aufklärung und Verhütung ausgerichtet. Dennoch eröffnete Beate Uhse das Geschäft kurz vor Weihnachten, da zur Weihnachtszeit keine Übergriffe von empörten Bürgern zu befürchten waren. Mittlerweile gehören zum Konzern rund 260 Ladengeschäfte in elf europäischen Ländern. Übergriffe von besorgten Bürgern sind mittlerweile nicht mehr zu erwarten, dennoch wurden bis in die jüngere Vergangenheit hinein insgesamt über 2.000 Anzeigen gegen das Unternehmen eingereicht. Der Flensburger Tennisclub soll Beate Uhse sogar wegen »allgemeiner Bedenken« die Aufnahme verweigert haben. Alles Schnee von gestern: Wenige Jahre bevor die 91-Jährige 2001 in der Schweiz an den Folgen einer Lungenentzündung verstirbt, erhält sie das Bundesverdienstkreuz und wird kurz danach zur Ehrenbürgerin der Stadt Flensburg ernannt.

Die Firmenzentrale befindet sich auch heute noch in einem Gewerbegebiet in Flensburg. Zugegeben, kein spektakulärer Ort, aber die Geschichte der bekanntesten Flensburger Unternehmerpersönlichkeit musste an dieser Stelle einfach erzählt werden.

69

SEX UP YOUR LIFE

Adresse Gutenbergstraße 12, 24941 Flensburg | **Anfahrt** A1, Ausfahrt Flensburg, B200 Richtung Glücksburg, B199 Richtung Kappeln/Glücksburg, links Richtung Fördepark, rechts auf Schleswiger Straße, rechts auf Gutenbergstraße, die nach 200 Metern links abknickt | **Öffnungszeiten** Mo–Sa 10–18 Uhr | **Tipp** Wer lieber jugendfreie Geschäfte besuchen möchte, hat im nahe gelegenen Fördepark eine große Auswahl.

22___Det lille Teater

Fortführung einer langjährigen Tradition

Der nördliche Teil des nördlichsten deutschen Bundeslandes war einst ein dänisches Fürstentum. Nach dem Zusammenschluss mit der ehemaligen deutschen Grafschaft Holstein gab es über mehrere Jahrhunderte ein Hin und Her zwischen Dänemark und Deutschland. 1864 wurde die Grenze endgültig nördlich von Flensburg gezogen, die Dänen im Landesteil Schleswig sind geblieben. Die dänische Minderheit pflegt bis heute ihre Sprache und ihre Kultur und nimmt sogar einen festen Platz im schleswig-holsteinischen Landtag ein. In der Grenzstadt Flensburg etablierten sich dänische Kulturzentren, mehrere dänische Schulen, dänische Sportvereine und die dänische Zentralbibliothek. Seit 1926 gab es in Flensburg auch regelmäßig dänische Theateraufführungen, zunächst in Form von Gastspielen dänischer Bühnen. Sogar während der Zeit des Nationalsozialismus fanden vier dänische Theaterabende pro Jahr statt, die aufgrund der bewusst angepassten Auswahl der aufgeführten Stücke von den Nationalsozialisten nicht nur geduldet, sondern sogar gelobt wurden.

Nach einer mehrjährigen Unterbrechung durch den Zweiten Weltkrieg gastierten ab 1948 wieder regelmäßig dänische Theater in Flensburg. Die Resonanz war so positiv, dass 1966 »Det lille Teater« seinen Betrieb aufnahm. Das dänische Amateurtheater hat seinen Sitz im Hjemmet in der Marienstraße. In diesem Haus war zuvor die dänische Duborg-Skolen »daheim«. Det lille Teater gehört dem dänischen Jugendverband SdU an. Neben Sprech- und Musiktheater ist auch »Det lille Dukketeater«, das kleine Puppentheater, fester Bestandteil des Programms.

Dass es die dänische Minderheit mit dem Erhalt der eigenen Sprache sehr ernst nimmt, zeigt sich auf den Internetseiten und den Spielplänen des Theaters. Deutsche Übersetzungen sind hier nirgends zu finden. Wozu auch? Denn derjenige, der eine Aufführung im lille Teater besuchen will, sollte der dänischen Sprache ohnehin mächtig sein. Und das fängt schon bei der Begrüßung an der Theaterkasse an.

Adresse Marienstraße 20, 24939 Flensburg | **Anfahrt** Vom Fördeufer die Schiffbrückstraße hinaufgehen, rechts in die Große Straße einbiegen, die nächste Straße links ist die Marienstraße | **Öffnungszeiten** Spielplan unter www.detlilleteater.de | **Tipp** Wer kein Dänisch spricht, geht ein paar Häuser weiter ins ebenfalls sehr kleine Orpheus-Theater (Marienstraße 1).

23 Die Flensburger Brauerei
Norddeutsche Unikate in Bügelflaschen

Eigentlich bräuchte die Flensburger Brauerei gar keine aufwendigen und innovativen Werbespots für Funk und Fernsehen zu produzieren. Ein einfaches »Plopp« – das charakteristische Geräusch, das beim Öffnen der Flensburger Bügelflaschen entsteht – würde ausreichen. Nicht nur in Norddeutschland ist dem Zuhörer sofort klar, zu welchem Produkt dieses Geräusch gehört. Das Plopp kommt natürlich in jedem Spot zum Einsatz.

Aber die Brauerei lässt es sich trotzdem nicht nehmen, ihre Werbemaßnahmen stets mit einer gehörigen Portion trockenem Humor zu spicken. Dadurch soll ein unverwechselbar norddeutsches Image entstehen.

Die nördlichste Brauerei Deutschlands steht zu ihrer Herkunft und geht gern ihren eigenen Weg. Im Jahr 1888 von fünf Flensburger Bürgern gegründet, ist sie heute eine der wenigen deutschlandweit tätigen Brauereien, die noch in Privatbesitz sind. Die meisten anderen wurden von den Großkonzernen geschluckt. Auch in den 1930er Jahren, als die anderen Brauereien allesamt ihre Bügelflaschen zugunsten der billigeren Kronkorken abschafften, ließen sich die Flensburger nicht beirren. Sie hielten an der Bügelflasche fest, und das Plopp wurde zum unverwechselbaren Markenzeichen des »Flens«. Erst in den 1980er Jahren führten andere, wenn auch kleinere Brauereien die Bügelflaschen wieder ein.

Und auch im 21. Jahrhundert beschreitet die Flensburger Brauerei neue Wege: Sie ist die erste deutsche Markenbrauerei, die in die Produktion eines Pilsener in Bio-Qualität einsteigt – die Flensburger nennen es übrigens stolz »das erste Bioflens der Welt«. Doch es gibt nicht nur Biopils aus Flensburg, sondern beinahe auch Biopilz. Um den Treber, ein Abfallprodukt aus dem Brauprozess, sinnvoll zu verwerten, investierte die Brauerei 2009 in ein Forschungsprojekt zur Zucht von Pilzen. Leider nicht sehr erfolgreich. Aber wieder mal ein Beweis für die Kreativität der Flensburger.

Adresse Munketoft 12, 24937 Flensburg | **Anfahrt** A7, Ausfahrt Flensburg, B200 Richtung Flensburg, Abfahrt Rude, rechts Richtung Zentrum, die Husumer Straße wird nach 1,5 km zu Munketoft | **Öffnungszeiten** Brauereiführungen Mo–Fr 10, 14 und 18 Uhr, Anmeldung mindestens 4 Wochen vorher unter Tel. 0461/31802110 | **Tipp** Wer lieber Wein statt Bier trinkt, sollte die gemütliche Weinstube im Krusehof besuchen (Rote Straße 24, von der Brauerei nur 300 Meter stadteinwärts gelegen).

24 _ Johannsen Rum

Das letzte traditionelle Rum-Haus der Stadt

Die dänische Stadt »Flensborg« war im 18. Jahrhundert einer der wichtigsten Handelshäfen für die sogenannte Westindienflotte. Hier kamen Handelswaren aus Dänisch-Westindien, den heutigen Jungferninseln, und der restlichen Karibik an. Auch Rohrzucker zählte zu diesen Waren, und so entwickelte sich Flensburg zur wichtigsten Rum-Handelsstadt Europas. Zunächst wurde das Zuckerrohr hier raffiniert und zu Rum weiterverarbeitet. Später wurde Rum lediglich importiert und von den Flensburger Rum-Häusern verschnitten. Der bis zu 74-prozentige Original-Rum wurde auf eine Trinkstärke von mindestens 37,5 Prozent verdünnt.

Der Flensburger Rum-Verschnitt war so beliebt, dass es Ende des 18. Jahrhunderts über 200 Rumhäuser in Flensburg gegeben hat. Nahezu alle bekannten deutschen Rum-Marken, wie beispielsweise Pott oder Hansen, stammen ursprünglich aus Flensburg. Heute existieren in der ehemaligen Rum-Hochburg noch zwei Rumhäuser, und nur eines davon produziert nach traditionellem Verfahren: das Rumhaus Johannsen. Als das Unternehmen 1878 eröffnet wurde, war die Blütezeit des Rumhandels in Flensburg eigentlich schon vorbei. Aufgrund von steigenden Produktionskosten mussten viele Rumhäuser schließen, insbesondere diejenigen, die nur im Nebenerwerb betrieben wurden. Als 1920 Nordschleswig an Dänemark abgetreten wurde, verloren die verbliebenen Rumhäuser einen Großteil ihres Absatzmarktes, der Zweite Weltkrieg brachte das Geschäft zunächst sogar völlig zum Erliegen. Die wenigen Flensburger Rumhäuser, die diese schwierigen Zeiten überlebten, wurden später von großen Spirituosenherstellern übernommen. Nur das kleine Rumhaus Johannsen hat allen Widrigkeiten getrotzt und wird heute in der vierten Generation von Martin Johannsen betrieben. Bei der jährlich stattfindenden Rum-Regatta ist es das Ziel, den zweiten Platz zu erreichen. Denn dieser wird mit einer Drei-Liter-Flasche von Johannsen Rum belohnt.

Adresse Marienstraße 6, 24937 Flensburg | **Anfahrt** Vom Fördeufer die Schiffbrückstraße hinaufgehen, rechts in die Große Straße einbiegen, die nächste Straße links ist die Marienstraße | **Öffnungszeiten** Mo–Fr 8–16.30 Uhr, Sa nach Absprache | **Tipp** Das Rummuseum im Keller des Schifffahrtsmuseums (Schiffbrücke 39) informiert ausführlich über die Geschichte und Herstellung des Rums.

25 Kraftfahrtbundesamt

Hier können Sie Ihre Punkte zählen

Flensburg ist mit seinen rund 88.000 Einwohnern keine sehr große Stadt, die auch noch am äußersten Rand des Bundesgebietes liegt. Aber trotzdem hat Flensburg deutschlandweit einen hohen Bekanntheitsgrad. Bierliebhabern ist die Stadt wegen der hier ansässigen Brauerei ein Begriff, Handballfans kommen an der SG Flensburg-Handewitt nicht vorbei, und jeder Bundesbürger, der einen Führerschein besitzt – oder besaß –, kennt das Kraftfahrtbundesamt, das in Flensburg seinen Hauptsitz hat. Im Verkehrszentralregister werden die gefürchteten Punkte der Verkehrssünder gesammelt. Jeder zehnte Bundesbürger hat hier einen Eintrag. Interessanterweise sind darunter fast 80 Prozent Männer.

Seit 1952 hat das Kraftfahrtbundesamt seinen Sitz in Flensburg, davor war es in Bielefeld und Berlin ansässig. Und so hat Flensburg seitdem sein Image weg. Es ist nicht mehr die nette Stadt an der schönen Förde, nicht mehr die Stadt des Rums, die mit den gemütlichen Kaufmannshöfen oder wenigstens die Grenzstadt zu Dänemark. Nein, die meisten Deutschen assoziieren mit Flensburg als Erstes die »Punkte«.

Doch auch wenn das Image Flensburgs unter der Umsiedlung des Kraftfahrtbundesamtes gelitten haben mag, für die Stadt selbst war dies ein Gewinn. Aber nicht wegen der nüchternen Architektur des Gebäudes, sondern weil das Amt der Arbeitsplatz von rund 1.000 Menschen aus Flensburg und Umgebung und damit einer der größten Arbeitgeber der Region ist. Und vielleicht führt es ja auch den ein oder anderen Besucher mehr in die Stadt. Denn im »Auskunftspavillon« kann man seinen aktuellen Punktestand abfragen, um möglicherweise noch rechtzeitig mit dem Punkteabbau beginnen zu können. Das ist tatsächlich möglich – durch die Teilnahme an sogenannten Aufbauseminaren oder verkehrspsychologischen Beratungen. Ansonsten ist der Führerschein bei 18 Punkten weg, und zwar für immer.

Adresse Fördestraße 16, 24944 Flensburg | **Anfahrt** Hafendamm am Ostufer der Förde folgen, Straße bis zur T-Kreuzung folgen, links in Mürwiker Straße einbiegen, diese geht in die Fördestraße über | **Öffnungszeiten** Auskunftspavillon: Mo–Mi, Fr 9–15 Uhr, Do 9–17.30 Uhr | **Tipp** Rund zwei Kilometer weiter stadtauswärts befindet sich der beliebte Ausflugsstrand Solitüde.

26 — Die Marina Sonwik

Leben an und auf dem Wasser

Mürwik war einst eine malerische Bucht, in der ein kleiner Hof direkt an der Flensburger Förde lag. Durch die Standortentscheidung der Kaiserlichen Marine zu Beginn des 20. Jahrhunderts ist daraus ein ganzer Stadtteil entstanden. Auch heute noch ist Mürwik durch die Marineschule deutschlandweit bekannt – zumindest in Offizierskreisen. Aber auch Mürwik war in den 1990er Jahren vom Standortabbau der Bundeswehr betroffen. So wurde der in unmittelbarer Nachbarschaft zur Marineschule liegende Marinestützpunkt geschlossen und drohte eine unschöne Brachfläche zu werden.

Doch ein solches Filetgrundstück, direkt an der Förde, mit herrlichem Blick auf die Flensburger Innenförde und das gegenüberliegende dänische Ufer, ist einfach nicht zum Brachliegen bestimmt. 2002 begannen private Investoren, die ehemaligen Marinegebäude zu renovieren und einen modernen Mix aus Wohnen und Arbeiten zu realisieren.

Die denkmalgeschützten Gebäude wurden durch Neubauten ergänzt – an Land und auf dem Wasser. Auf einer Konstruktion aus Pfählen wurden 20 Wasserhäuser gebaut, die das Herz eines jeden Wassersportlers höherschlagen lassen. Die Häuser sind rundum von Wasser umgeben, und der Bootsliegeplatz befindet sich direkt vor der Haustür, und zwar in wortwörtlichem Sinn. Außerdem gibt es verschiedene Yachtdienstleister und ein passendes Winterlager in direkter Nachbarschaft. Und so machen jetzt dort, wo früher Minensuchboote lagen, schicke Segelyachten fest.

Eine geeignete Nachnutzung ist für ehemalige Bundeswehrflächen nicht immer einfach zu finden. In Mürwik ist dies jedoch mehr als geglückt. Für den Stadtteil und die ganze Stadt Flensburg ist die Marina zum Aushängeschild geworden. Repräsentative Büroflächen, Wohnungen mit traumhafter Aussicht und eine schöne, wenn auch etwas kurze Promenade, die zum Flanieren einlädt, stellen eine echte Bereicherung für die Bewohner dar.

Adresse Fördepromenade, 24944 Flensburg | **Anfahrt** Hafendamm am Ostufer der Förde folgen, Straße geht in Ballastbrücke und dann in Kielseng über, links in Swinemünder Straße abbiegen, links in Fördepromenade abbiegen | **Tipp** Die Marineschule Mürwik, auch »das rote Schloss am Meer« genannt, befindet sich in unmittelbarer Nähe zur Marina. Vom Wasser oder gegenüberliegendem Fördeufer hat man eine gute Sicht auf das Gebäude.

27 Die Geltinger Birk

Wildpferde, Hochlandrinder und eine historische Mühle

Unbewohnte Natur, Wildpferde streifen durch die Landschaft, Hochlandrinder beweiden die saftigen Wiesen. Nein, wir befinden uns nicht auf Island oder in Schottland, sondern in Schleswig-Holstein an der Ostseeküste. Am Ausgang der Flensburger Förde befindet sich die Halbinsel Geltinger Birk. Sie ist mit 773 Hektar das größte Naturschutzgebiet im Kreis Schleswig-Flensburg. Die Vorfahren der hier weidenden Rinder stammen tatsächlich aus Schottland. Die Pferde sind allerdings keine Isländer, sondern polnischen Ursprungs und auch nicht ganz so wild. In Polen sind die Koniks als Kreuzung zwischen dem ausgestorbenen europäischen Wildpferd und den Hauspferden entstanden. Heute werden sie gern zur Beweidung von Naturschutzgebieten eingesetzt. Die Konikpferde in der Geltinger Birk stammen aus dem holländischen Poldergebiet.

Doch die ponyartigen Pferde und ihre zotteligen Mitbewohner müssen sich vorsehen, denn bald könnten sie feuchte Hufe bekommen. Im Frühjahr 2010 starteten Baumaßnahmen, um die Geltinger Birk zu vernässen und zu renaturieren. Seit dem 19. Jahrhundert wurde der Wasserstand künstlich bis auf 3,20 Meter unter dem Meeresspiegel abgesenkt. Dazu wurden das Große Noor eingedeicht und das Wasser mit zwei Mühlen abgeschöpft. Die Mühle »Charlotte« am westlichen Rand des Naturschutzgebietes ist ein schön anzusehendes Überbleibsel dieser Zeit. Sie beförderte mittels einer Schöpfschnecke das Noorwasser in die Geltinger Bucht. Nach dem Bau eines Pumpwerks 1971 wurde die Schöpftätigkeit eingestellt.

In Zukunft soll der Wasserstand auf der Halbinsel auf einen Meter unter Normalnull angehoben werden. Dadurch entstehen größere Feuchtgebietsflächen und Flachwasserbereiche, in denen Wiesenvögel und Amphibien einen für sie passenden Lebensraum finden. Zweimal im Jahr wird das Gebiet mit Salzwasser überflutet, um die für die Geltinger Birk charakteristischen Salzstrukturen wiederherzustellen.

Adresse Beveroe, 24395 Nieby | **Anfahrt** B199 bis Gelting, Richtung Nieby/Pommerby abbiegen, kurz nach dem Ortsausgang von Gelting links zur Birk abbiegen, bei Goldhöft nochmals links abbiegen, Parkplatz kurz vor der Mühle Charlotte | **Tipp** Von der Mühle aus kann man die Birk entlang der Küste umwandern und erreicht nach anderthalb Stunden den Leuchtturm Falshöft.

28 Die Gettorfer Windmühle

Ein Werk vom Großmeister des Mühlenbaus

Die Gemeinde Gettorf liegt auf halbem Weg zwischen Kiel und Eckernförde und ist in Schleswig-Holstein hauptsächlich wegen ihres Tierparks bekannt. Sehenswert ist aber auch die alte Holländermühle, in der sich heute die Gemeindebücherei befindet. Die Mühle »Rosa« wurde 1869 vom Gettorfer Müller Wilhelm Theodor Johannsen erbaut und diente bis 1946 zum Mahlen von Getreide. Mit dem Bau beauftragte der Müller einen Vollprofi – den Zimmermeister Carl Friedrich Trahn. In Schönwalde am Bungsberg baute er die erste Windmühle in eigener Regie, die ihm den Meistertitel einbrachte. Innerhalb der folgenden 52 Jahre baute er rund 100 Windmühlen und war damit einer der bedeutendsten Mühlenbauer in Norddeutschland.

Dass Carl Friedrich Trahn so viele Mühlen in so kurzer Zeit bauen konnte, lag daran, dass er schon damals so etwas wie eine Serienproduktion betrieb. Er baute die meisten Windmühlen nach einem einheitlichen Grundschema. Dafür hatte er nicht nur die passenden Materialien, sondern sogar schon vorgefertigte Mühlenteile auf Lager. Die Gettorfer Mühle ist also so etwas wie eine »Fertigmühle«. Das ist aber nicht weiter schlimm, denn das tut ihrer Schönheit keinen Abbruch.

Heute drehen sich die Flügel der Windmühle nicht mehr, und kein Müller besteigt mehr die umlaufende Galerie, um die Mühle zu bedienen. Genutzt wird die Galerie trotzdem noch regelmäßig. Frisch vermählte Brautpaare, die sich in der Mühle das Jawort gegeben haben, lassen sich hier gern fotografieren. Dass dies möglich ist, ist dem Gettorfer Windmühlen- und Verschönerungsverein zu verdanken. Er sanierte das Gebäude zwischen 1977 und 1982 von Grund auf. So konnte im Erdgeschoss die Gemeindebücherei einziehen, und die erste Etage wird seitdem für kulturelle Veranstaltungen und seit 2000 auch für standesamtliche Trauungen genutzt. Im zweiten Stock befindet sich das historische Gemeindearchiv.

Adresse Mühlenstraße 21, 24214 Gettorf | **Anfahrt** B76 Richtung Gettorf, Abfahrt Gettorf-Mitte, links nach Gettorf, geradeaus fahren bis sich die Straße vor der Kirche gabelt, links in Mühlenstraße abbiegen | **Öffnungszeiten** Juni–Sept. Mi–Fr 14–17 Uhr, Okt.–Mai Do–Fr 14–17 Uhr | **Tipp** Neben der Mühle befindet sich das Gettorfer Heimatmuseum, das zu denselben Zeiten geöffnet ist.

29___Die Quelle der Trave

Vom Tümpel zum Tor zur Ostsee

Gießelrade ist ein kleines Dorf, das zur Gemeinde Ahrensbök gehört. Kurz hinter dem südlichen Ortseingang befindet sich ein unscheinbarer Teich voller Entengrütze. Dass der Ort an dieser Stelle dennoch erwähnt wird, liegt daran, dass hier der zweitlängste Fluss Schleswig-Holsteins entspringt. Und damit liegt an diesem unscheinbaren Platz der Ursprung für den sagenhaften Aufstieg Lübecks im Mittelalter. Gerade einmal rund 25 Kilometer nördlich der Hansestadt gelegen, entspringt die Trave – die Hauptschlagader für den Warenverkehr von und nach Lübeck. Und obwohl die Quelle so nah zur Mündung liegt, legt der Fluss den fünffachen Weg zurück, bevor er sich in Travemünde ins Meer ergießt.

Vom Quelltümpel aus schlägt die Trave einen weiten Bogen nach Südwesten, fließt durch den Wardersee und macht einen Abstecher nach Bad Segeberg und Bad Oldesloe. Von dort aus macht sie sich wieder nach Osten in Richtung Ostsee auf. Kurz vor der Lübecker Altstadt mündet sie in den Elbe-Lübeck-Kanal, von dem sie sich kurz danach wieder verabschiedet. Die Trave umfließt die Altstadtinsel auf der östlichen Seite, während der Kanal die Altstadt im Westen begrenzt.

Weiter nördlich, dort, wo sich Kanaltrave und Stadttrave wieder vereinigen, beginnt der Lübecker Stadthafen. Von hier und den weiter flussabwärts gelegenen Hafenanlegern starten riesige Lkw-Fähren ihren Weg in den gesamten Ostseeraum und machen die Travemündung zu einem der größten Ostseehäfen.

Einige Kilometer flussaufwärts bekommt man von dem Trubel an der Travemündung nichts mit. Den Oberlauf der Trave befahren höchstens ein paar Kanus, und rund um den Quelltümpel in Gießelrade herrscht Gemütlichkeit. Die kleine Grünanlage mit Sitzgelegenheiten kurz hinter dem Ortseingang lädt Besucher zum Picknick ein und ist auch für die Dorfbewohner ein Ort der Geselligkeit.

Adresse An der Travequelle, 23623 Gießelrade | **Anfahrt** A1, Ausfahrt Scharbeutz, B432 Richtung Bad Segeberg, bei Holstendorf rechts nach Gießelrade abbiegen | **Tipp** Auf dem Rückweg lohnt ein Abstecher ins nahe gelegene Scharbeutz mit seinem wunderbar feinen Sandstrand.

30   Die Halbinsel Holnis

Der nördlichste Zipfel der deutschen Ostseeküste

Nicht die Grenzstadt Flensburg ist, wie man erwarten könnte, die nördlichste Stadt an der deutschen Ostseeküste, sondern das zehn Kilometer entfernte Glücksburg. Die Flensburger Förde schiebt sich nämlich nicht einfach von der Ostseeküste nach Westen ins Landesinnere hinein. Der Lauf des Fjords beschreibt einen Knick nach Norden. Genau an diesem Knick befindet sich die Halbinsel Holnis, die nördlichste Spitze des Glücksburger Stadtgebietes. Holnis markiert gleichzeitig auch die Grenze zwischen der Flensburger Innen- und der Außenförde. Wer in dieser Region Badeurlaub macht und auf eine gute Wasserqualität Wert legt, sollte sich daher an den Strand von Drei im Osten der Halbinsel begeben. Denn der liegt an der Außenförde, wo der Wasseraustausch kontinuierlich stattfindet. In der Innenförde ist der Wasseraustausch etwas geringer, und die Qualität entspricht eher der eines stehenden Gewässers. Das ist aber nicht der einzige Grund, warum sich der Strand von Drei besonders für Familien eignet. Die große Flachwasserzone, die zwei Kilometer lange Promenade und der nahe gelegene Campingplatz machen das Angebot perfekt.

Die Straße nach Holnis ist eine Sackgasse, an deren Ende sich das Restaurant »Fährhaus Holnis« befindet. Und wie der Name schon sagt, war dieser Ort früher nicht der Endpunkt einer Reise auf die Halbinsel, sondern eine Durchgangsstation: Von Holnis setzten die Fähren nach Dänemark über. Im 16. Jahrhundert war diese Fähre ein wichtiges Bindeglied zwischen dem neu erbauten Schloss Glücksburg und Schloss Sonderburg, dem Stammsitz des Adelshauses Schleswig-Holstein-Sonderburg.

Heute kehren nicht mehr Durchreisende, sondern hauptsächlich Naturliebhaber ein, die das 400 Hektar große Naturschutzgebiet besuchen. Auf ausgeschilderten Wanderwegen kann man die Pflanzen- und Vogelwelt erkunden, und von der Steilküste hat man fabelhafte Aussichten auf die Flensburger Förde und Dänemark.

Adresse Halbinsel Holnis, 24960 Glücksburg | **Anfahrt** A7, Ausfahrt Flensburg, B200 Richtung Glücksburg/Kappeln, rechts auf B199 Richtung Kappeln/Glücksburg, links nach Glücksburg, der Straße bis Glücksburg und durch den Ort hindurch bis nach Holnis folgen | **Tipp** Empfehlenswert ist eine naturkundliche Führung durch das Naturschutzgebiet. Info bei der NABU-Schutzhütte unter Tel. 04631/441688 oder beim Schutzgebietsreferenten unter Tel. 04631/2973.

31 Die Hanseatische Yachtschule

Die traditionsreichste Segelschule Deutschlands

Natürlich dürfen bei einem Buch über die Küste die maritimen Themen nicht zu kurz kommen. Und was gibt es Maritimeres als den Segelsport? Fast überall an der Ostsee säumen weiße Segel die Küste. So auch auf der Flensburger Förde. Immer wieder werden hier internationale Meisterschaften in verschiedenen Sportbootklassen ausgetragen. 17 Segelclubs sind hier beheimatet. Einer davon kann auf eine besonders lange Tradition zurückblicken: Die Hanseatische Yachtschule in Glücksburg wurde bereits 1925 gegründet.

Rund 2.800 Segler kommen jedes Jahr in die kleine Bucht an der Innenförde im Glücksburger Ortsteil Sandwig. Sie kommen aus ganz Deutschland, Europa und sogar aus Übersee. Sie kommen, um Segeln zu lernen, ihre Segelkünste zu verbessern oder um an Segeltörns auf großen Yachten teilzunehmen. Sie kommen in die traditionsreichste und älteste Segelschule Deutschlands, in *die* deutsche Segelschule.

Die Hanseatische Yachtschule ist der Hauptsitz des Deutschen Hochseesportverbandes HANSA, der auch am anderen Ende der Republik, am Chiemsee, und auf der italienischen Insel Elba Yachtschulen betreibt. 16.000 Mitglieder halten dem Verband seit vielen Jahrzehnten die Treue. Doch nicht nur den Mitgliedern, sondern allen Wassersportfans steht die Glücksburger Segelschule offen. Schon die Kleinsten können in den gut zwei Meter langen Optimisten-Jollen, die meistens nur Optis genannt werden, ihren Segelschein machen.

Besonders für die Kinder und Jugendlichen ist es ein positiver Aspekt, dass heute nicht mehr pensionierte Marineoffiziere die Segelkurse leiten. Das war bis Ende der 1960er Jahre der Fall. Somit stehen heute nicht mehr Zucht und Ordnung, sondern hauptsächlich der Spaß am Segeln im Vordergrund. Nur bei einer Sache bleibt die Hanseatische Yachtschule streng: Crashkurse gibt es keine. Wer hier das Segeln erlernt, der lernt es richtig.

Adresse Philosophenweg 1, 24960 Glücksburg | **Anfahrt** A7, Ausfahrt Flensburg, B200 Richtung Glücksburg/Kappeln, rechts auf B199 Richtung Kappeln/Glücksburg, links nach Glücksburg, links in die Uferstraße, rechts in die Sandwigstraße, links in den Philosophenweg | **Tipp** Ein Stück weiter nördlich liegt direkt am Strand das Strandhotel Glücksburg. Im »weißen Schloss am Meer« lässt es sich herrlich speisen, übernachten und die Aussicht genießen.

32 — Das Wasserschloss

Die Wiege des europäischen Hochadels

Was hat die dänische Königin Margarete mit dem norwegischen König Harald und dem britischen Prinz Charles gemeinsam? Sie alle haben ihre Wurzeln im schleswig-holsteinischen Glücksburg. Denn das Haus Schleswig-Holstein-Sonderburg-Glücksburg, das seinen Sitz im Glücksburger Wasserschloss hatte, ist seit dem 19. Jahrhundert mit fast allen europäischen Adelsdynastien verwandt. Seitdem gilt das Schloss als Wiege der europäischen Königshäuser.

Verantwortlich für diese vielfältigen Verwandtschaftsbeziehungen war der dänische König Christian IX., der Stammvater der jüngeren Glücksburger Linie. Zwei seiner Töchter wurden in Königshäuser nach England und Russland verheiratet. Sein zweiter Sohn wurde zum König von Griechenland gewählt, sein Enkel zum König von Norwegen. Somit wurde Glücksburg zum Stammschloss der Königshäuser von Dänemark, Norwegen und Griechenland. Dass Prinz Christian von Glücksburg überhaupt auf den dänischen Thron kam, lag an den kinderlosen Ehen seines Vorgängers Friedrich VII. Der verstarb ausgerechnet auf Schloss Glücksburg, das er oft im Sommer besuchte.

Das Schloss selbst ist bereits im Jahr 1582 erbaut worden. Bauherr war Johann III., der jüngere Bruder des dänischen Königs Friedrich II. Er ließ das Gebäude auf dem Gelände eines ehemaligen Klosters errichten. Die Klostermauern wurden abgetragen und dienten als Baumaterial für das Schloss. Die übrig gebliebenen Reste des Klosters wurden überflutet, um den Schlossteich anzulegen. Der Name Glücksburg leitet sich aus dem Wahlspruch von Herzog Johann dem Jüngeren ab, der das Schloss erbauen ließ. Er lautet »Gott gebe Glück mit Frieden« und ziert als Abkürzung GGGMF das Eingangsportal. Dieser verheißungsvolle Name und das romantische Ambiente des Schlosses bewegen Paare aus ganz Deutschland dazu, sich im Trauzimmer oder der Kapelle des Wasserschlosses das Jawort zu geben.

Adresse Schlossallee, 24960 Glücksburg | **Anfahrt** A7, Ausfahrt Flensburg, B200 Richtung Glücksburg/Kappeln, rechts auf B199 Richtung Kappeln/Glücksburg, links nach Glücksburg, der Straße folgen bis linker Hand das Schloss zu sehen ist | **Öffnungszeiten** Mai–Sept. täglich 10–18 Uhr, Okt. Di–So 10–18 Uhr, Nov.–April Sa, So 11–16 Uhr | **Tipp** Wer in Glücksburg königlich speisen möchte, kann dies im »Alten Meierhof«. Hier kocht Dirk Luther, der vom Guide Michelin mit zwei Sternen bewertet wird.

33 Die Tauchgondel

Rundumblick am Ostseegrund

Sich einmal wie Jacques Cousteau fühlen und in die unergründlichen Weiten des Meeres eintauchen. Einmal die faszinierende Unterwasserwelt aus nächster Nähe beobachten zu können, ohne sich in enge Neoprenanzüge zu zwängen und schwere Sauerstoffflaschen auf den Rücken zu klemmen. Dieser Traum kann jetzt Wirklichkeit werden. Auch wenn die Tauchtiefe nicht wie bei Cousteau mehrere Hundert Meter beträgt, so lohnt sich dennoch eine Fahrt in der Grömitzer Tauchgondel.

An der Spitze der Seebrücke steht der türkisfarbene pilzförmige Stahlkoloss. Immerhin dreieinhalb Meter unter die Wasseroberfläche bringt die druckfeste Kabine mit den großen Glasfenstern die Besucher. Bis zu 30 Personen finden pro Tauchgang Platz in der Gondel. Etwa einen Meter über dem Meeresboden hält die Gondel an und eröffnet bei günstigen Strömungs- und Wetterverhältnissen einen vier Meter weiten Rundumblick. Und wenn die Strömung mal nicht mitspielt oder der Blick im Hochsommer durch Plankton getrübt wird, wird die echte Unterwasserwelt einfach durch wechselnde 3-D-Unterwasserfilme ersetzt. Vielleicht nicht die schlechteste Alternative, so kann man immerhin riesige Korallenriffe und Haie bestaunen, was einem ansonsten in der Ostsee vor Grömitz leider oder glücklicherweise verwehrt bleibt. Aber auch die heimischen Quallen, Krebstiere und Fische, die es in der Realität zu sehen gibt, sind eine Reise unter die Wasseroberfläche wert. Außerdem weiß die Besatzung der Gondel genau, mit welchen Informationen und Scherzen sie die Besucher auf der knapp 40-minütigen Tauchfahrt bei Laune hält.

Die Grömitzer Tauchgondel ist übrigens weltweit erst die dritte ihrer Art. Die beiden anderen tauchen auf den Meeresgrund vor Usedom und Rügen ab. Erfunden wurde sie in Wolgast. Also ein echtes Ostseeprodukt, das bald auch die anderen Weltmeere – pardon – Meeresgründe erobern soll.

Adresse Kurpromenade, 23743 Grömitz | **Anfahrt** A1, Ausfahrt Neustadt-Pelzerhaken, B501 Richtung Grömitz, Richtung Zentrum/Strand, im 2. Kreisverkehr rechts (Wicheldorfstraße), links in die Seestraße, Parkplatz am Ende der Straße in direkter Nähe zur Seebrücke | **Öffnungszeiten** Mai, Sept., Okt. 10–18 Uhr, Juni–Aug. 10–21 Uhr, Nov.–April Mi–So 11–16 Uhr | **Tipp** An der Kurpromenade befindet sich der Grömitzer »Walk of fame«, auf dem sich jeder Normalbürger ein kleines Stück Berühmtheit erkaufen kann.

34 Das Langbett Krausort

Hünengrab mit grandioser Aussicht

Kurz vor Fehmarn, auf der Halbinsel Wagrien, befindet sich das Langbett Krausort, das mit 100 Metern Länge und 10 Metern Breite eines der längsten jungsteinzeitlichen Hünengräber Deutschlands ist. Mitten auf einem Feld nahe der Ostsee gelegen, die Steine unter dichtem Bewuchs von Bäumen und Sträuchern versteckt, ist das Hünengrab nicht ganz einfach zu finden. Am Nordende des Langbetts steht ein zweieinhalb Meter hoher Wächterstein. Von hier aus hat man eine fantastische Sicht nach Fehmarn, auf den Sund und nach Westen in die Hohwachter Bucht hinein.

Ein Hünengrab ist eine Grabstätte, die aus Megalithen, also großen unbehauenen Steinblöcken, besteht. In Norddeutschland wurden dafür überwiegend Findlinge verwendet. Die Steine waren so angeordnet, dass eine Grabkammer entstand, die von Erde bedeckt war. Das Langbett Krausort hat heute keine sichtbare Grabkammer mehr, und die meisten noch vorhandenen Steine sind stark überwuchert. Daher ist das Hünengrab nur noch schwer als solches erkennbar. Das ist auch der Grund, warum das Langbett Krausort trotz seiner imposanten Größe nicht zu den bekanntesten Hünengräbern Schleswig-Holsteins zählt. Die schwer erreichbare Lage trägt sicherlich auch dazu bei. Aber gerade deshalb ist es ein kleines Abenteuer, sich bis dicht an den Wächterstein vorzukämpfen. Dabei besitzt der interessierte Megalithen-Fan zwei Optionen, sich dem Langbett zu nähern.

Wagemutige fahren auf dem Weg, der parallel zur B 207 liegt, möglichst dicht ans Langbett heran und schlagen sich dann auf einer Treckerspur durchs Feld. Die Mühen des Fußmarsches werden anschließend durch eine grandiose Aussicht vom Wächterstein auf die Fehmarnsundbrücke belohnt. Die gemütlichere Fraktion wählt den Weg auf dem Deich und dann am Strand entlang, betrachtet das Langbett aus der Ferne und genießt den Blick über den Fehmarnsund und die Halbinsel Wagrien.

Adresse Orthfeld, 23775 Großenbrode | **Anfahrt** A1, weiter auf B207, letzte Abfahrt vor
der Fehmarnsundbrücke Richtung Großenbrode, links Richtung Orthfeld, bei der Kur-
klinik links abbiegen und am Ende der Straße parken, dem Deichweg nach rechts Richtung
Norden folgen | **Tipp** Ein anderes Hünengrab in der Nähe musste beim Bau der Fehmarn-
sundbrücke zerstört werden. Ein Findling wurde gerettet und steht seither als Gedenkstein
auf dem Thingplatz in Großenbrode.

35__ Der Paasch-Eyler-Platz

Ein Festplatz als Erinnerung an den Gruber See

Grube ist eine kleine Gemeinde in der Nähe des Ostseebades Dahme, ungefähr vier Kilometer vom Ostseestrand entfernt. Doch es ist noch keine 100 Jahre her, da lag Grube am Wasser, einem sehr großen Gewässer. Der Gruber See war mit etwa 1.000 Hektar Wasserfläche einst einer der größten Seen in Schleswig-Holstein. Genau genommen war der Gruber See ein Seenverbund, bestehend aus den Seeflächen des Dahmer, Rosenhofer, Gaarzer, Gruber und Koselauer Sees. Und dieser Seenverbund war zugleich eine Förde, denn er hatte mehrere Verbindungen zur Ostsee, sowohl in der äußeren Lübecker Bucht als auch in der Hohwachter Bucht. So war Grube vor gut 1.000 Jahren eine Hafenstadt.

Kaum zu glauben, dass der Paasch-Eyler-Platz, der nahe der Gruber Kirche liegt und heute von Feldern umgeben ist, damals eine Insel im Gruber See war. Mit der zunehmenden Verlandung des Sees wurde die Verbindung zur Ostsee geschlossen, und das Wasser wurde brackig. Als sich zunehmend Krankheiten ausbreiteten, die auf das stinkende Wasser zurückzuführen waren, wurde die Trockenlegung des Sees Mitte des 19. Jahrhunderts beschlossen und Anfang des 20. Jahrhunderts endgültig umgesetzt. Ein fließendes Überbleibsel ist der Oldenburger Graben, der die Niederung vom Weissenhäuser Strand über Oldenburg und Grube bis nach Dahme durchzieht und das Gebiet entwässert.

Bei der Trockenlegung des Gruber Sees wurde aus der ehemaligen Insel ein gemütlicher, von hohen Bäumen und Sträuchern umgebener Ort. Als dieser zum Verkauf stand, konnte die Alte Bürgergilde den 6.700 Quadratmeter großen Platz erwerben, auf dem seither die Dorffestivitäten stattfinden. Seinen klangvollen Namen trägt der Paasch-Eyler-Platz zu Ehren von Kapitän Heinrich Paasch, der die Gruber Pastorentochter Claudine Eyler geheiratet hatte. Nachdem er im Ausland zu Ruhm und Geld gekommen war, finanzierte er den Kauf des künftigen Festplatzes.

Adresse 23749 Grube | **Anfahrt** A1, Ausfahrt Lensahn, Richtung Cismar/Dahme, bei Rüting links Richtung Grube, links auf die Hauptstraße (B501), links zur Kirche abbiegen, dem Weg an der Kirche vorbei ca. 400 Meter folgen | **Tipp** Die Gruber Kirche wurde 1232 erstmalig erwähnt und zählt damit zu den ältesten Kirchen Schleswig-Holsteins.

36 __ Der Fischereihafen

Ein Fischer als Retter Fehmarns

Das Städtchen Heiligenhafen, das an der nördlichen Spitze der Halbinsel Wagrien liegt, wurde im 13. Jahrhundert vermutlich als Hafenstadt gegründet. Durch den Hafen war Heiligenhafen jahrhundertelang ein wichtiger Handelsstandort. Bedeutung als Fischereihafen erlangte der Ort aber erst 600 Jahre später. Ende des 19. Jahrhunderts stieg die Zahl der Fischerfamilien stark an. Ob die Fischerei damals aufgrund der Heldentat des Heiligenhafener Fischers Friedrich Gottlieb Stüben plötzlich in Mode kam, ist nicht überliefert. Die Geschichte um Fischer Stüben hingegen kennt wahrscheinlich jedes Kind in Heiligenhafen.

Es war ein früher Morgen im März 1864. Die Dänen hatten im Krieg mit den Deutschen die Insel Fehmarn besetzt. Friedrich Gottlieb Stüben setzte gemeinsam mit anderen Fischern preußische Truppen auf die Insel über. Daraufhin konnten die Preußen Fehmarn mit einem Überraschungsangriff zurückerobern. Nun erinnert ein in Bronze gegossener Fischer Stüben am Heiligenhafener Binnensee an dieses Ereignis. Was für ein Glück, dass Stüben auch die raue und markige Optik hatte, die man von einem echten Fischer erwartet. Die weiteren Kriege haben Heiligenhafen nicht besonders stark getroffen. Nach dem Zweiten Weltkrieg mussten jedoch ausgerechnet die Fischer leiden. Heiligenhafen war Garnisonsstadt geworden, und die wagrische Halbinsel wurde zum Gefangenengebiet erklärt. Damit die internierten deutschen Soldaten nicht flüchten konnten, wurden die Boote der Heiligenhafener Fischer versenkt.

Mittlerweile sind wieder rund 65 Fischkutter in Betrieb und landen in Heiligenhafen jedes Jahr 1.700 Tonnen Fisch an. Ein Teil der fangfrischen Fische wird direkt vom Kutter verkauft. Frischer und günstiger geht es kaum.

Und auf Wunsch wird die Ware auch gleich vom Fischer ausgenommen und filetiert. Guten Appetit!

Adresse Am Jachthafen, 23774 Heiligenhafen | **Anfahrt** A1, Ausfahrt Heiligenhafen-Mitte, Richtung Heiligenhafen, der Bergstraße folgen, links in die Lauritz-Maßmann-Straße, rechts halten und in Am Strande weiterfahren bis zum Parkplatz zwischen Kiekut und Hafenstraße | **Tipp** Wer selbst für frischen Fisch sorgen möchte, kann mit einem Schiff der Hochseeangelflotte mitfahren. Infos unter www.heiligenhafen-touristik.de

37 Der Graswarder

Wo unberührte Natur auf feinsten Sandstrand trifft

Kurz vor der Insel Fehmarn, dort, wo die Autobahn A 1 beginnt, liegt Heiligenhafen, eines der größten Ferienzentren an der holsteinischen Ostseeküste. Und das, obwohl es direkt im Ortszentrum nicht einmal einen Strand gibt. Doch zum Glück gibt es da noch Steinwarder und Graswarder, die zusammen eine lang gestreckte Halbinsel bilden, die direkt vom Heiligenhafener Stadtzentrum zugänglich ist. Feiner Sandstrand, weite Dünenfelder und unberührte Natur – wer die Halbinsel besucht, weiß sofort, wieso Heiligenhafen sich von einem kleinen Fischerdorf zu einem beliebten Ferienziel entwickelt hat.

Für Naturliebhaber ist besonders der Besuch des Graswarders ein Muss. Der östliche Teil der Halbinsel war ursprünglich eine Insel und ist durch Sandanspülungen mit der Halbinsel Steinwarder zusammengewachsen. Der Graswarder ist eine sogenannte Nehrungshalbinsel, die durch abgetragenes Material der weiter westlich gelegenen Steilküste entstanden ist und durch kontinuierliche Sandverdriftungen weiter wächst. Der Graswarder steht seit über 40 Jahren fast vollständig unter Naturschutz und ist ein wichtiges Brut- und Rastgebiet für viele Vogelarten. Damit die Tier- und Pflanzenwelt sich ungestört entwickeln kann, ist das Naturschutzgebiet ganzjährig für Besucher gesperrt. Es sei denn, man schließt sich einer Führung des NABU-Zentrums an (Ostern–Okt. täglich 10.30, 15 Uhr), dann kann man die Natur hautnah und mit allen Sinnen erleben. Unter fachkundiger Anleitung darf man dann sogar ein Möwenei oder ein frisch geschlüpftes Jungtier in der Hand halten oder einen Stängel des salzhaltigen Quellers, auch Friesenkraut genannt, probieren. Und man erfährt natürlich alles über die außergewöhnliche Tier- und Pflanzenwelt des Graswarders.

Wer an keiner Führung teilnehmen möchte, kann einen Spaziergang am Sandstrand oder auf dem frei zugänglichen Fußweg mit seinen historischen Strandvillen unternehmen.

Adresse 23774 Heiligenhafen | **Anfahrt** A1, Ausfahrt Heiligenhafen-Mitte, der Bergstraße folgen, links in Lauritz-Maßmann-Straße, rechts in Am Strande, links Richtung Steinwarder, auf dem Parkplatz halten, nach rechts auf den Graswarder gehen | **Tipp** Ein Besuch in Heiligenhafen lohnt sich besonders am letzten Samstag im August zur alljährlichen Kult(o)urnacht, dem Veranstaltungshighlight des Ortes.

38 Der Hemmelsdorfer See

Der tiefste Festlandpunkt Deutschlands

Der Hemmelsdorfer See ist, wie die meisten Seen in Schleswig-Holstein, ein Produkt der letzten Eiszeit, die vor 11.700 Jahren endete. An dieser Stelle haben die Gletscher der Weichseleiszeit jedoch besonders gute Arbeit geleistet: Die ausgehobelte Rinne war so tief, dass sich heute auf dem Grund des Hemmelsdorfer Sees der tiefste Festlandpunkt Deutschlands befindet. Bis zu 39,5 Meter unter Normalnull werden im südlichen Becken des Sees gemessen. Das größere nördliche Becken hingegen ist mit bis zu vier Metern Tiefe sehr flach ausgebildet. Der Grund dafür ist die Ablagerung von Sediment, das am Brodtener Steilufer abgetragen und durch die Strömung nach Westen transportiert wurde. Dadurch wurde die Gletscherrinne nach und nach zugeschüttet, und die Hemmelsförde wurde zum Hemmelsdorfer See. Das Flüsschen Aalbek ist als einziger Abfluss aus dem See übrig geblieben und mündet am Niendorfer Hafen in die Ostsee.

Heute beeindruckt der Hemmelsdorfer See durch seine unberührte Natur und die umliegenden idyllischen Dörfer. Die Umgebung des Sees lässt sich am besten per Fahrrad erkunden. Wer die zweistündige Umrundung in Angriff nimmt, kann sich von den Strapazen bei Erdbeerkuchen in Warnsdorf und Räucheraal in Hemmelsdorf erholen. Praktischerweise liegen die beiden Orte mit dem Erdbeerhof und der Fischräucherei an gegenüberliegenden Uferseiten, sodass die Stärkung nie weit ist, egal, von wo aus man seine Tour startet. Und wer keine Erfrischung benötigt, sondern lieber die Natur genießen will, der klettert am Nordufer des Sees auf den 20 Meter hohen »Lönsblick«. Von diesem Aussichtsturm hat man eine wunderbare Sicht auf den gesamten See und die angrenzende Aalbek-Niederung. Seinen Namen erhielt der Turm in Gedenken an den Dichter Hermann Löns, der bei seinen Kuraufenthalten in Niendorf lieber die Ruhe am Seeufer als den Trubel am Strand und an der Kurpromenade genoss.

Adresse 23669 Hemmelsdorf | **Anfahrt** A1, Ausfahrt Ratekau, Richtung Niendorf/
Timmendorfer Strand, die Straße führt direkt durch Hemmelsdorf | **Tipp** In der See-
straße 16 befindet sich die Fischräucherei Schierbaum mit Ladenverkauf und Gastronomie.

39__Die Strände von Sehlendorf und Eitz

Achtung, hier wird scharf geschossen!

Abseits der Seebäder in der Lübecker Bucht, die durch die schnelle Autobahnanbindung im Sommer äußerst gut besucht sind, geht es an den Stränden der Hohwachter Bucht etwas gemächlicher zu. Die Strände sind gesäumt von Dünen oder Steilküsten und besonders bei Familien und Campingurlaubern beliebt. So auch der Sehlendorfer Strand. Durch seine besondere Feinsandigkeit, die schon fast Karibikflair versprüht, hat er sich vom Geheimtipp zu einem echten Lieblingsplatz vieler Einheimischer und Touristen entwickelt.

Durch die Strandhafer-Dünen gelangt man an den ausgedehnten Sandstrand, gesprenkelt von farbenfrohen Strandkörben und gesäumt vom flachen Wasser. Der zwei Kilometer lange Strand grenzt im Westen an das Naturschutzgebiet des Sehlendorfer Binnensees. Im Osten wird der Strand schmaler, und die Dünenlandschaft geht in eine Steilküste über. Wanderfreudige können von hier aus einen Ausflug nach Eitz unternehmen – wahlweise auf der Steilküste oder unterhalb davon am Strand. Eitz ist tatsächlich noch so etwas wie ein Geheimtipp. Auch wenn der Strand etwas schmaler und steiniger ist als in Sehlendorf, hat dieses Fleckchen seinen ganz eigenen Reiz. Besonders für Sparfüchse. Hier zahlt man nämlich keine Kurtaxe, und auch der Parkplatz ist kostenlos. Deshalb nutzen Angler Eitz gern als Ausgangspunkt, um im flachen Wasser vor der Steilküste Meerforellen zu fangen. Manche Petrijünger steigen sogar in Seekajaks, um auf Beutefang zu gehen. Doch beim Befahren der Ostsee, sei es zum Angeln, zum Segeln oder aus sonstigen Gründen, ist Vorsicht geboten: Die Wasserfläche in der Hohwachter Bucht ist nämlich militärisches Übungsgelände. Zu den Schießzeiten sollten Wassersportler nicht nur das Sperrgebiet, sondern auch die angrenzenden Bereiche meiden. Aber Badeurlauber müssen sich keine Sorgen machen: Ein 500 Meter breiter Badestreifen ist zu jeder Zeit uneingeschränkt nutzbar – und ungefährlich.

Adresse Sehlendorfer Strand, 24327 Blekendorf und Eitz, 23758 Wangels | **Anfahrt** A1, Ausfahrt Oldenburg i.H.-Süd, B202 Richtung Kiel/Lütjenburg, gut einen Kilometer hinter Weißenhaus rechts nach Eitz abbiegen oder weiter geradeaus und hinter Döhnsdorf rechts nach Sehlendorf fahren, dort rechts in die Strandstraße abbiegen | **Tipp** Die Schießzeiten der Bundeswehr werden in den umliegenden Häfen per Aushang bekannt gegeben. Außerdem patrouillieren Sicherungsboote an den Grenzen des Sperrgebiets.

40__ Der Heringszaun

Der letzte seiner Art

Dass etwas Positives dabei herauskommt, wenn die Kommune pleite ist, kommt äußerst selten vor. In Kappeln haben die leeren Haushaltskassen der Stadt zu einem einzigartigen Wahrzeichen verholfen. Hier steht nämlich der letzte noch funktionierende Heringszaun in ganz Europa. In früheren Jahrhunderten war das Aufstellen von Heringszäunen eine beliebte, weil sehr einfache und einträgliche Fangmethode. 1648 gab es allein auf der Schlei zwischen Schleimünde und Arnis 38 Heringszäune. Die Wände des Heringszauns bestehen aus Pfählen und Flechtwerk und laufen trichterförmig zusammen. Die Fische werden entlang der Wände zusammengetrieben und können aus dem Netz, das an der Spitze des Trichters befestigt ist, nicht mehr entkommen. Durch den Verlauf des Zauns im Zickzack-Muster wird das Fangprinzip sowohl stromaufwärts als auch stromabwärts wirksam.

Noch bis ins 20. Jahrhundert hinein war der Hering so häufig, dass er als Arme-Leute-Essen galt. Die Gutsbesitzer, denen die Heringszäune in der Schlei gehörten, bezahlten oftmals ihre Arbeiter und Tagelöhner mit Heringen. Mit den zurückgehenden Fischbeständen und der zunehmenden Verlagerung des Fischfangs auf das offene Meer verloren die Heringszäune ihre Bedeutung. Bereits 1830 waren nur noch 19 Heringszäune in der Schlei funktionstüchtig, und 1905 wurde der vorletzte Heringszaun entfernt. Nur der über 500 Jahre alte Kappelner Heringszaun, den die Stadt vom Herzog zu Schleswig-Holstein überschrieben bekommen hatte, blieb übrig. Dass er nicht auch abgerissen wurde, ist der damals knappen Stadtkasse zu verdanken. Es war schlicht kein Geld für den Abriss da. Und so blieb der Zaun ungenutzt bestehen. 1978 wurde er umfassend renoviert und steht seitdem einmal im Jahr – zu den Kappelner Heringstagen an Himmelfahrt – im Mittelpunkt des Geschehens. Bei der Heringswette muss das Gewicht des Tagesfangs im Zaun möglichst genau geschätzt werden.

Adresse Am Hafen, 24376 Kappeln | **Anfahrt** B203, B201 oder B199 Richtung Kappeln, in Kappeln der B203 ans westliche Schleiufer folgen, nördlich der Schleibrücke befindet sich der Heringszaun | **Tipp** Wer selbst einmal einen Hering aus dem Wasser ziehen will, sollte im März oder April seine Angel vom Kappelner Hafen aus ins Wasser werfen. Vorher einen Erlaubnisschein für 3 Euro im Rathaus besorgen!

41 Die Lotseninsel Schleimünde

Die Insel, die eine Halbinsel ist

Der 42 Kilometer lange Ostseefjord Schlei teilt die Küstenregion zwischen Flensburg und Eckernförde in die Halbinseln Angeln und Schwansen. Und obwohl das Gewässer kurz vor der Mündung gut drei Kilometer breit ist, müssen sich die Segler und Fischerboote bei Schleimünde durch einen gerade einmal 100 Meter breiten Durchlass in die Ostsee zwängen. Die Lotseninsel Schleimünde ist ein durch Sandanspülungen entstandener Nehrungshaken, der sich von Angeln in einem schmalen ausgefransten Streifen nach Süden zieht. Am Südzipfel der Halbinsel befindet sich eine befestigte Mole mit dem Schleimünder Leuchtturm. Doch das war nicht immer so.

Ursprünglich war Schleimünde eine Halbinsel, die zum südlichen Landesteil Schwansen gehörte und sich Richtung Norden erstreckte. Die natürliche Verbindung zwischen Schlei und Ostsee lag etwas weiter nördlich der heutigen. Da sie jedoch recht flach war und immer mehr versandete, wurde 1796 ein künstlicher Durchstich geschaffen und mit Molen befestigt. Somit wurde Schleimünde für 160 Jahre lang zur Insel, bis die natürliche Mündung endgültig versandete. Nun war die Lotseninsel wieder ans Festland angeschlossen und blieb dennoch eine Insel. Zwischen der Südspitze, auf der sich das Lotsenhaus mit dem kleinen Hafen und eine kleine Gaststätte namens »Giftbude« befinden, und dem nördlich gelegenen Festland erstreckt sich eines der ältesten Naturschutzgebiete Deutschlands. Das Gelände, in dem nordische Zugvögel brüten und überwintern, darf nur in Begleitung eines Vogelwärters bei einer Führung betreten werden.

Und so bleibt Schleimünde das, was es 200 Jahre lang war: eine Zwischenstation für Segler und ein abgeschiedener Ort mit einer eindrucksvollen Landschaft. Nicht-Segler können die Lotseninsel mit dem Ausflugsboot von Kappeln oder Maasholm aus für ein paar Stunden besuchen (Fahrpläne unter www.lotseninsel.de).

Adresse Lotseninsel Schleimünde, 24376 Kappeln | **Anfahrt** B203, B201 oder B199 nach Kappeln oder weiter auf der B199 Richtung Norden, dann rechts nach Maasholm abbiegen, von Kappeln oder Maasholm mit dem Ausflugsschiff auf die Lotseninsel übersetzen | **Tipp** Auch das Fischerdorf Maasholm ist einen Besuch wert. Man kann gemütlich durch den Ort schlendern und den Fischern bei der Arbeit zusehen.

42__ Die Mühle Amanda

Die höchste ihrer Art

Im äußerst windreichen Schleswig-Holstein gibt es noch rund 100 historische Windmühlen. Die höchste von ihnen ist die 30 Meter hohe »Amanda«. Ihr Besitzer Peter Thomsen ließ sie im Jahr 1888 so hoch bauen, damit ihre Flügel trotz umliegender Bebauung möglichst viel Wind abbekamen. Und wie es sich für eine Mühle gehörte, benannte er sie nach seiner Ehefrau.

Die Amanda konnte mit der Windkraft nicht nur Getreide mahlen, sondern auch Holz sägen. Das Sägewerk war ein sehr praktischer Nebenerwerb, denn mit den Sägeabfällen konnte eine Dampfmaschine betrieben werden. So musste die Mühle auch in windarmen Zeiten den Betrieb nicht ruhen lassen. Noch bis 1964 wurde in der Amanda Korn gemahlen. Dann kauften die großen Mühlenkonzerne die Leistungen der kleinen Mühlen auf, um das Angebot an Mehl besser regulieren zu können. Damit begann das landesweite Mühlensterben. Doch Amanda konnte gerettet werden. Die Stadt Kappeln kaufte die Mühle und renovierte sie umfassend. 1995 begann die Sanierung des Sägewerks, das seitdem für museale Zwecke bewirtschaftet wird.

Die Mühle Amanda ist ein Anlaufpunkt für Besucher aus ganz Deutschland, und das nicht nur, weil hier die Tourismusinformation untergebracht ist. Heiratswillige kommen teilweise von weit her ins Trauzimmer des Kappelner Standesamtes. Doch auch ohne Hochzeitspläne lohnt sich ein Besuch von Amanda. Die Mühle kann kostenlos besichtigt werden, und von der Galerie hat man eine wunderbare Sicht auf Kappeln und das Umland.

Nun kann der ehemalige Müller Friedrich Hadenfeldt, der die Mühle im Jahr 1900 dem Erbauer Thomsen abkaufte, in Frieden ruhen. Am Sterbebett gab er seinem Sohn und Nachfolger den Auftrag: »Erhalte mir die Mühle!« So ist's geschehen, und so wird es sicher auch in Zukunft bleiben. Schließlich steht Amanda unter Denkmalschutz.

Adresse Schleswiger Straße 1, 24376 Kappeln | **Anfahrt** B203, B201 oder B199 Richtung Kappeln, in Kappeln von der B199 (Nordstraße) in die Schleswiger Straße einbiegen | **Öffnungszeiten** Mo–Fr 10–17 Uhr, im Sommerhalbjahr länger und auch am Wochenende geöffnet | **Tipp** Am Rathausmarkt befindet sich das Restaurant »Aurora«, vielen besser bekannt als »Asmussens Kneipe« aus der ZDF-Serie »Der Landarzt«.

43 Die Eichen

1.000-jährige Wald-Berühmtheiten

Die deutsche Eiche – nicht immer ein Symbol politischer Korrektheit und doch nicht wegzudenken als Teil deutscher Geschichte. In den alten Religionen, Mythen und Sagen als heiliger Baum verehrt, galt die Eiche im Kaiserreich und noch stärker im Nationalsozialismus als Sinnbild für die umfassende Ideologisierung des Naturphänomens Deutscher Wald. Doch die Eiche steht nicht nur für Deutschtümelei, sondern aufgrund ihres langen Lebens auch für Ewigkeit. Eichen können bis zu 1.000 Jahre alt werden.

Im Kellenhusener Forst, mit 600 Hektar das größte Waldgebiet an der schleswig-holsteinischen Ostseeküste, stehen beziehungsweise standen gleich vier besondere Eichen. Die älteste von ihnen, die Kroneiche, wurde tatsächlich 1.000 Jahre alt, bevor ein Sturm sie zu Boden warf. Sie war mit 9,20 Metern Umfang und 38 Metern Höhe die größte Eiche Schleswig-Holsteins. Ihren Namen verdankt sie den Kranichen, auf Plattdeutsch »Kronich« genannt, die sich auf ihren Ästen zur Ruhe betteten. Auch die zweite berühmte Eiche, die von einem Sturm dahingerafft wurde, diente einst als Schlafstätte. Der Legende nach soll sich ein dänischer König auf seiner Reise durch Holstein unter dieser Eiche ausgeruht haben. Daher wurde sie »Königseiche« genannt. Von beiden Eichen kann man heute nur noch die dahinmodernden Stämme besichtigen.

Die Eichen, die noch stehen, sind die Wasserstandseiche und die Fünfmarkseiche. Letztere diente dem Künstler Maximilian Dasio als Vorbild für die Gestaltung der von 1927 bis 1933 geprägten Fünf-Reichsmark-Münze und wird heute als Naturdenkmal geschützt. Die Wasserstandseiche soll mit dem danebenstehenden Gedenkstein an die letzte verheerende Sturmflut in der Nacht vom 12. auf den 13. November 1872 erinnern.

Zwei neue Eichen sind 1999 von Johannes Rau und 2009 von Peter Harry Carstensen gepflanzt worden. Sie heißen Präsidenten- und Ministerpräsidenteneiche.

Sturmflut
13. 11. 1872

Adresse 23746 Kellenhusen | **Anfahrt** A1, Ausfahrt Lensahn, Richtung Cismar/Kellenhusen fahren, in Cismar links auf B501, in Grönwohldshorst rechts in Kroneichenweg einbiegen, er führt an der Wasserstandseiche vorbei (in direkter Nähe befanden sich auch die Kron- und Königseiche), ein Stück weiter nach links führt der Rittbruchweg zur Fünfmarkseiche, die etwas versteckt im Wald liegt. | **Tipp** In Kellenhusen befindet sich die relativ neue Erlebnis-Seebrücke mit verschiedenen Themeninseln zum Entspannen oder für den aktiven Wasserspaß.

44_ Der Bunker D

Kunst und Kultur zwischen nacktem Beton

Wie wird ein ehemaliger Werkschutzbunker der Howaldtswerke-Deutsche Werft, der viele Jahre als Industriebrache vor sich hin gemodert hat, zu einem Kultur- und Kommunikationszentrum? Mit unermüdlichem freiwilligen Engagement von Studenten und Hochschulmitarbeitern, die den toten Betonklotz auf dem Gelände der Fachhochschule Kiel wieder mit Leben füllen wollen. Doch ganz so tot war der Bunker D gar nicht, als die Studenten im Jahr 2006 anfingen, das Gerümpel aus den vier Etagen des Bauwerks herauszuräumen: Auf dem Dach wuchsen Bäume, und zwischen all dem Müll hatten es sich auch einige Kleinlebewesen gemütlich gemacht. Doch dieser Zustand ist nun Geschichte.

Nach der Entrümpelung, Instandsetzung der Treppen und Verglasung der zerstörten, vernagelten Fenster öffnete der Bunker schon im Herbst 2006 zur ersten Aktionswoche seine Türen. Anfangs zwar noch ohne Wasserversorgung, Heizung und Toiletten, aber mit viel Potenzial und unter der Schirmherrschaft von Ministerpräsident Peter Harry Carstensen. Drei Jahre lang hat das 60-köpfige Team gearbeitet, das nicht nur aus Studenten der Kieler Fachhochschule, sondern auch aus Lernenden der Universität und der Muthesius Kunsthochschule bestand. Und so kann man mittlerweile den dicken Mantel auch einmal ausziehen, wenn man im Winter das Kino, das hauseigene Café oder eine Ausstellung im Bunker besuchen will. Jeden Mittwoch besteht dazu die Möglichkeit. Jeweils um 19 Uhr zeigen das Bunker-Kino und das Kommunale Kino im wöchentlichen Wechsel ihr Filmprogramm.

Zweimal im Jahr, jeweils im Frühjahr und Herbst, finden die Bunkerwochen statt. Dann gibt es unter anderem Vernissagen, Musikevents, Poetry-Slams, Improvisationstheater und Lesungen. Und das alles zwischen nacktem Beton, Backstein und alten Propagandaparolen. Der Bunker hat sein altes Gesicht behalten und bietet gleichzeitig Platz für junge innovative Ideen.

Adresse Schwentinestraße 11, 24149 Kiel-Dietrichsdorf | **Anfahrt** Vom Kieler Hauptbahnhof Kaistraße stadtauswärts in die Bahnhofstraße, links auf den Schwedendamm, weiter auf die Preetzer Straße, links auf den Ostring (B502), links in den Heikendorfer Weg Richtung Fachhochschule/Ostuferhafen, rechts in die Schwentinestraße. | **Öffnungszeiten** Mi 10–22 Uhr | **Tipp** Seit 2007 hat auch Kiel-Dietrichsdorf einen eigenen Strand. Er befindet sich nahe der Straßen Hasselfelde/Zum Kesselort.

45__ Der Seehafen Kiel

Tor nach Skandinavien seit 50 Jahren

Marinehafen, Handelshafen, Segelhafen, Olympiahafen – der Kieler Hafen hat viele Gesichter. Die größte wirtschaftliche Bedeutung im Kieler Hafen hat aber die Passagierschifffahrt. Die riesigen Fähr- und Kreuzfahrtschiffe bestimmen das Stadtbild an der Kieler Förde maßgeblich. Und das schon seit 50 Jahren.

Damals waren sie nicht ganz so groß, die ersten Passagier- und Autofähren, die den Dienst zwischen Kiel und Oslo und ab 1967 auch zwischen Kiel und Göteborg aufnahmen. Den Anfang machte 1961 die »Kronprins Harald« der norwegischen Reederei Jahre Line, die 1990 in der Color Line aufging. Der neue Fährdienst war so erfolgreich, dass Jahre Line schon 1966 das zweite Schiff, die »Prinsesse Ragnhild«, zwischen Kiel und Oslo verkehren ließ. Sie hatte schon damals eine Innenausstattung auf recht hohem Niveau und wurde zeitweise auch als Kreuzfahrtschiff genutzt. Damit gab die »Prinsesse Ragnhild« schon einen Vorgeschmack darauf, was die Passagiere rund 40 Jahre später auf der Kiel-Oslo-Route erwarten sollte: eine Fährfahrt mit echtem Kreuzfahrtambiente. Die »Color Fantasy« und die »Color Magic«, die 2004 und 2007 in Dienst gestellt wurden, werden gern scherzhaft als die größten Kreuzfahrtschiffe mit Autodeck bezeichnet. Aber auch die neueste Generation der Stena-Line-Schiffe, die zwischen Kiel und Göteborg verkehrt, kann sich sehen lassen.

Der Komfort und das Unterhaltungsangebot auf den neuen Fährschiffen machen die Passage zu einem attraktiven Familienausflug. Und so begegnet man nicht nur am Wochenende zahlreichen Skandinaviern, die, mit riesigen Tüten bepackt, den Weg zurück zum Fähranleger suchen.

Aber nicht nur die Fähren machen Kiel zum drittgrößten Passagierhafen Deutschlands, sondern auch die Kreuzfahrtschiffe, die Kiel anlaufen. 100 bis 150 Ankünfte jährlich bringen weit über 200.000 Touristen in die Stadt.

Adresse Schwedenkai, 24103 Kiel-Vorstadt und Norwegenkai, 24143 Kiel-Gaarden | **Anfahrt** Vom Kieler Hauptbahnhof ein Stück weiter nördlich an der Förde liegt der Schwedenkai der Stena Line, am gegenüberliegenden Ufer befindet sich der Norwegenkai der Color Line. | **Tipp** Besonders eindrucksvoll ist es, den Fähren auf der Förde beim Ein- und Auslaufen zuzusehen. Color Line: 10 und 14 Uhr, Stena Line 9 und 19.30 Uhr

46 Die Forstbaumschule

Vom königlichen Lehrbetrieb zum Stadtpark

Eine Baumschule mitten in der Landeshauptstadt Kiel? Das klingt ungewöhnlich. Doch als die königlich-dänische Forstbaumschule im Jahr 1788 angelegt wurde, platzierte man sie ganz gewöhnlich in unbebautem Gebiet, vor den Toren der Stadt – zwischen Kiel und dem damaligen Nachbarort Wik. Erst später, nachdem die Wik eingemeindet worden war, wuchs die Bebauung um die Forstbaumschule herum.

In der Baumschule erhielten die Studenten der königlich-dänischen Forstlehranstalt, die seit 1785 in Kiel bestand, ihre praktische Ausbildung. Außerdem wurden mit den Gehölzen die königlichen Gehege aufgeforstet. Bis 1832 wurde das Gelände zu diesen Zwecken genutzt. In diesen Jahren wurden viele Gehölze aus Übersee – insbesondere aus Nordamerika – angepflanzt, und die Fläche der Forstbaumschule verdoppelte sich. Nach dem Deutsch-Dänischen Krieg kam Kiel zu Preußen, und die Staatsforstverwaltung verkaufte einen Großteil der Baumbestände. Das Gelände verfiel zunehmend und wurde 1874 an die Stadt Kiel verkauft. Die Forstbaumschule wurde zu einer öffentlichen Parkanlage umgestaltet und im Jahr 1900 eingeweiht.

So wird sie auch heute noch genutzt. Die teilweise über 200 Jahre alten Bäume wie die Edelkastanie, Platane oder Pyramideneiche und Kiels größter Mammutbaum, der schon 120 Jahresringe besitzt, machen diesen Park so besonders. Aber wenn die Kieler selbst von der »Forstbaumschule« sprechen, ist damit meistens nicht die Grünanlage, sondern die dort befindliche Gaststätte gemeint. Sie hatte ihre Hochphase besonders in den 1920er und 1950er Jahren, als hier viele Konzerte und Tanzveranstaltungen stattfanden. Heute ähnelt die Gaststätte Forstbaumschule einem bayerischen Biergarten. An Holzlattentischen wird unter freiem Himmel inmitten von üppigem Grün gemütlich gegessen und getrunken. Und nach guter Forstbaumschultradition gibt es Livemusik – im Sommer jeden Sonntagabend.

Adresse Düvelsbeker Weg 46, 24105 Kiel-Düsternbrook | Anfahrt Vom Kieler Hauptbahnhof an der Förde entlangfahren, links in Prinzengarten, Straßenverlauf folgen (rechts und links abknickend), rechts in die Feldstraße, nach 2 Kilometern liegt rechter Hand die Forstbaumschule | Tipp Von der Aussichtsterrasse im angrenzenden Diederichsenpark hat man einen schönen Blick auf die Förde bis nach Laboe.

47__Die Howaldtsche Metallgießerei

Überbleibsel der Kieler Schiffswerft

Im 19. Jahrhundert waren die Unternehmen der Gebrüder Howaldt maßgeblich für den industriellen Aufschwung der Stadt Kiel verantwortlich. Die Howaldtsche Maschinenfabrik und die Kieler Schiffswerft wurden 1889 zu den Howaldtwerken vereinigt und hatten bis zur Jahrhundertwende bereits 390 Dampfer den Weltmeeren übergeben. Für diese großen Pötte wurde einiges an Zubehör und Ausstattungselementen aus Metall benötigt. Dazu zählten beispielsweise Bullaugenrahmen, Beschläge, Armaturen oder Ventile. Zur Produktion dieser Teile wurde 1884 eine Metallgießerei auf dem Werftgelände – damals noch am Nordufer der Schwentinemündung – errichtet.

Mittlerweile ist die ehemalige Howaldtswerft in der HDW-Gruppe (Howaldtswerke-Deutsche Werft GmbH) aufgegangen, die ihren Standort weiter südlich im Stadtteil Gaarden hat. Auf dem ehemaligen Werftgelände in Kiel-Dietrichsdorf befinden sich heute der Ostuferhafen und die Fachhochschule Kiel. Von den ehemaligen Werftanlagen ist nur noch die Metallgießerei erhalten geblieben. Zwischen den hochmodernen Gebäuden der Fachhochschule und den Hafenanlagen wirkt das gelbe Backsteingebäude vergleichsweise klein und sticht trotzdem – oder gerade deshalb – hervor. Die alte Metallgießerei ist das einzige historische Industriebauwerk, das von den Werften in Kiel erhalten geblieben ist, und demonstriert eindrucksvoll den repräsentativen Stil der Industriearchitektur in der Gründerzeit.

Seit 2007 beherbergt das Gebäude das Industriemuseum Howaldtsche Metallgießerei e.V., das vom gleichnamigen Förderverein betrieben wird. Er wurde von engagierten Bürgern gegründet, die zuvor erfolgreich gegen den Abriss der Gießerei gekämpft hatten. Und so kann man nun einen Eindruck von der Ausstattung und der Arbeitsweise des ehemaligen Metallgießbetriebes erhalten.

Adresse Grenzstraße 1, 24149 Kiel-Dietrichsdorf | **Anfahrt** Vom Kieler Hauptbahnhof Kaistraße stadtauswärts in die Bahnhofstraße, links auf den Schwedendamm, weiter auf die Preetzer Straße, links auf den Ostring (B502), links in den Heikendorfer Weg Richtung Fachhochschule/Ostuferhafen, weiter auf die Grenzstraße | **Öffnungszeiten** So 14–17 Uhr | **Tipp** An jedem 4. Sonntag im Monat finden Sonderveranstaltungen mit 90-minütigen Führungen und Vorführungen des Gießvorgangs statt.

48 Das Kieler Schloss

Herrschaftlicher Name, schnöde Optik

Wegen seiner großen militärischen Bedeutung durch den Reichshafen und den Werften war Kiel im Zweiten Weltkrieg das Ziel zahlreicher Luftangriffe. 80 Prozent der Gebäude waren zerstört, vom Altstadtkern und den gründerzeitlichen Vorstädten war fast nichts mehr übrig. Der Wiederaufbau erfolgte gemäß dem damals modernen Zeitgeist in weit angelegten Strukturen und schlichten Bauten. Auf die Rekonstruktion der historischen Gebäude wurde verzichtet. Beim Blick auf den Stadtplan ist der Tourist dann umso überraschter, tatsächlich ein Schloss inmitten der Kieler Innenstadt vorzufinden.

Das Kieler Schloss sticht jedoch keineswegs aus den Nachkriegsbauten der Innenstadt hervor, sondern fügt sich bestens ins Stadtbild ein. Somit wird der Kiel-unkundige Tourist gleich ein zweites Mal überrascht: So stellt man sich ein Schloss wirklich nicht vor. Der strenge Backsteinkubus entstand in den Jahren 1961 bis 1963, lediglich der Westflügel, der sogenannte Rantzaubau, hat noch das Gesicht von 1697. Dabei war das Kieler Schloss einst ein prächtiger Renaissancebau. Als Quader angelegt, besaß es vier nebeneinanderliegende Einzeldächer, die mit einem Kranz von zwölf Ziergiebeln umgeben waren. Im Inneren gab es gewölbte Säle, Kabinette und die prächtig ausgestattete Schlosskapelle. Sowohl von außen als auch im Inneren war schon vor dem Zweiten Weltkrieg von diesen Gestaltungselementen nicht mehr viel übrig. Teile des Schlosses wurden im 17., 18. und 19. Jahrhundert umgebaut. Nach der Zerstörung im Zweiten Weltkrieg erfolgte dann der Wiederaufbau in völlig neuem Stil. Das Einzige, was das heutige Schloss noch teilweise mit der ursprünglichen Anlage verbindet, ist der dreiflügelige c-förmige Grundriss. Dafür gibt es heute im Schloss einen Konzertsaal, in dem 1.400 Zuhörer Platz finden. Philharmonische Konzerte, Ballett, Musicals sowie Kinder- und Jugendkonzerte ziehen jedes Jahr 200.000 Besucher an.

Adresse Wall 74/Dänische Straße 44, 24103 Kiel-Altstadt | **Anfahrt** Vom Kieler Hauptbahnhof entlang dem Fördeufer auf Kaistraße und Wall, zweimal links in den Prinzengarten und die Dänische Straße einbiegen | **Öffnungszeiten** zu den Veranstaltungen | **Tipp** Ein Stück weiter an der Förde entlang befindet sich die sehenswerte Kunsthalle zu Kiel.

49__ Die Kiellinie

Naherholung und Partymeile für die Landeshauptstädter

Die Zerstörungen des Zweiten Weltkriegs haben Kiel die historische Architektur und Kleinteiligkeit genommen. Eben das, was das Flair und die Gemütlichkeit einer Stadt ausmacht. Eines aber konnte kein Bomber der Stadt nehmen: die Förde. Eben das, was das Flair und die Gemütlichkeit Kiels ausmacht. Die Promenade wird von den Einheimischen einfach nur Kiellinie genannt. Und so einen einfachen, eingänglichen Namen braucht sie auch. Denn hier spielt sich das Leben ab. Hier geht man spazieren, hier treibt man Sport, hier trifft man sich zum Kaffeetrinken. Hier geht man auf große Fahrt, hier wird regiert, hier werden die Meere erforscht.

Die Kiellinie beginnt am Ostseekai, wo die großen Kreuzfahrtschiffe anlegen. Vorbei am Leibniz-Institut für Meereswissenschaften mit seinem Seehund-Außenbecken und diversen Kanu- und Ruderklubs führt der Weg zum Landtag und den Ministerien. In direkter Nachbarschaft zum Innenministerium liegt das Café Louf mit Blick und Außenterrasse zur Förde. Und so prominent wie seine Lage sind teilweise auch die Gäste. Hier gönnen sich auch gern mal die Spitzenpolitiker des Landes nach einer nervenaufreibenden Landtagsdebatte eine Denkpause und genießen die Aussicht auf die riesigen Fähr- und Kreuzfahrtschiffe, die sich auf dem Weg in die Ostsee befinden.

Einmal im Jahr verwandelt sich die beschauliche Flaniermeile jedoch zur riesigen Partymeile. Neun Tage lang, immer Ende Juni, findet die Kieler Woche statt. Dann säumen zahlreiche Buden mit Essen und Trinken das Fördeufer, und die Kiellinie ist vollgestopft mit Menschen, die sich von den Konzerten, Kleinkunstaufführungen und Kinderaktivitäten unterhalten lassen. Ganz nebenbei finden auf dem Wasser einige Segelregatten statt – der eigentliche Anlass, warum seit 1882 jährlich in Kiel Tausende von Menschen zusammenkommen. Die Kieler Woche ist eines der größten Segelsportereignisse der Welt.

Adresse 24105 Kiel-Düsternbrook | **Anfahrt** Vom Kieler Hauptbahnhof an der Förde entlang auf die Kaistraße und weiter auf den Wall, nach dem Ostseekai rechts halten und an der Förde entlanggehen | **Tipp** Hinter dem Meeresforschungszentrum liegt der Alte Botanische Garten. Hier steht einer der ältesten Mammutbäume Europas.

50__ Der Meteor

Der berühmteste aus der Holsteiner Zucht

In Bronze gegossene Statuen gibt es viele. Meistens werden damit berühmte Persönlichkeiten geehrt. Seit der Antike wurden insbesondere Heerführer oder Herrscher auf dem Rücken eines Pferdes, also durch ein sogenanntes Reiterstandbild, dargestellt. Etwas ungewöhnlich dagegen ist die Darstellung eines einzelnen Pferdes als Bronzestatue, wie es vor der Staatskanzlei an der Kieler Förde steht. Es wurde im Jahr 1959 zu Ehren des Reitpferdes Meteor errichtet.

Meteor war in den 1950er Jahren eines der erfolgreichsten und berühmtesten Springpferde. Gemeinsam mit seinem Reiter Fritz Thiedemann erreichte es bei Olympischen Spielen zweimal Gold in der Mannschaftswertung und einmal Bronze in der Einzelwertung. Dazu kamen zahlreiche Siege in weiteren Turnieren, insbesondere der Preis der Nationen beim CHIO in Aachen, das eines der bekanntesten Pferdesportturniere der Welt ist. Meteors Erfolge waren für den Reitsport so bedeutsam, dass bis heute kein Pferd, das an Wettbewerben teilnimmt, denselben Namen tragen darf. Die Reiterliche Vereinigung hat diese Sperre als besondere Ehrung für die außergewöhnliche Leistung Meteors erteilt.

Dass das Pferdedenkmal ausgerechnet in der schleswig-holsteinischen Landeshauptstadt Kiel steht, hat einen guten Grund. Schließlich stammte der Wallach aus der Holsteiner-Zucht. Bis ins 13. Jahrhundert geht die Geschichte dieser Rasse zurück. Schon im 16. Jahrhundert wurden viele der kräftigen Pferde, die ursprünglich aus der Grafschaft Pinneberg stammten, ins Ausland exportiert. So sollen auch König Philipp von Spanien und Ludwig XIV. die Qualitäten der Holsteiner geschätzt haben.

Noch heute haben Pferdesport und Pferdezucht im nördlichsten Bundesland einen wichtigen Platz. Deshalb hat Meteor nicht nur das Bronzestandbild in Kiel, sondern auch einen Gedenkstein in Elmshorn erhalten. Hier war sein Reiter Fritz Thiedemann an der Reitschule tätig.

METEOR

Adresse Düsternbrooker Weg 104, 24105 Kiel-Düsternbrook | **Anfahrt** Vom Kieler Hauptbahnhof an der Förde entlang auf die Kaistraße, weiter auf den Wall und den Düsternbrooker Weg. | **Tipp** Im nahe gelegenen Hotel Kieler Kaufmann (Niemannsweg 102) schliefen und speisten schon das Kronprinzenpaar von Dänemark und Königin Silvia von Schweden, aber auch José Carreras und Angela Merkel.

51 Der Leuchtturm Holtenau

Denkmal an der Kanalmündung

An der Mündung des Nord-Ostsee-Kanals in die Kieler Förde befinden sich zwei Leuchttürme, die den durchfahrenden Schiffen den Weg weisen. Einer davon ist nicht nur Leuchtfeuer, sondern zugleich auch ein Denkmal. Der Leuchtturm Holtenau wurde zu Ehren Kaiser Wilhelms I. erbaut und von Wilhelm II. gemeinsam mit dem Kanal im Jahr 1895 eingeweiht. Wilhelm I. hatte 1887 in Holtenau den Grundstein für den Kanalbau gelegt. Der Grundstein und die Gründungsurkunde sind ins Fundament des Leuchtturms eingemauert – so hatte es der Kaiser selbst angeordnet.

Acht Jahre hat der Bau des 99 Kilometer langen Kanals, der die Nordsee bei Brunsbüttel mit der Ostsee bei Kiel verbindet, gedauert. Über der Tür, die ins Innere des Leuchtturms führt, wird das Jahrhundertbauwerk symbolisch dargestellt. Auf einem Relief reichen sich die beiden Meerjungfrauen »Nordsee« und »Ostsee« die Hände. Hinter ihnen sind die Leuchttürme, die sich an den Kanalenden befinden, dargestellt.

Wenn man unter dem Relief durch die Tür tritt, gelangt man in den Gedenkraum des Leuchtturms – die sogenannte Drei-Kaiser-Halle. Denn der Leuchtturm ist nicht nur ein Denkmal für Wilhelm I., sondern auch für seine Nachfolger Friedrich III. und Wilhelm II. Jedem der drei Kaiser, die während des Kanalbaus regierten, ist eine eigene Gedenktafel gewidmet.

Die Gestaltung der Halle mutet fast wie eine Kapelle an. Vielleicht ist das der Grund, warum viele Paare sich diesen Raum als Ort für eine besondere standesamtliche Trauung aussuchen. Möglicherweise liegt es aber auch an dem maritimen Flair, dem schönen Blick auf die Förde oder einfach an den tollen Fotomotiven, die man in der kleinen Grünanlage vor einem der schönsten Leuchttürme an der deutschen Küste hat. Der Leuchtturm befindet sich nämlich auf einer kleinen Anhöhe, die aus dem Material gestaltet wurde, das man beim Bau des Kanals ausgehoben hatte.

Adresse Tiessenkai, 24159 Kiel-Holtenau | **Anfahrt** A215, Ausfahrt Kiel-Mitte, B76 Richtung Eckernförde, B503 Richtung Altenholz, 1. Ausfahrt nach Überquerung des Nord-Ostsee-Kanals abfahren, weiter auf der Richthofenstraße, rechts auf die Apenrader Straße, links auf die Kanalstraße, bis zum Ende durchfahren zum Tiessenkai | **Tipp** Ein paar Häuser weiter befindet sich das Gebäude des ehemaligen Schiffsausrüsters Hermann Tiessen (Tiessenkai 9). Heute ist hier ein Café, wo es äußerst leckeren Kuchen und Matjes gibt.

52 Die Levensauer Hochbrücke

Gleich drei Brücken auf einmal

Bei ihrer Einweihung im Jahr 1894 durch Kaiser Wilhelm II. war die Levensauer Hochbrücke mit ihren 180 Metern die längste Brücke im Kaiserreich. Heute ist sie eine der ältesten Brücken, die über dem Nord-Ostsee-Kanal schweben, und mit ihrem gründerzeitlichen Stil sicherlich auch eine der schönsten. Und trotzdem sind ihre Tage gezählt. Spätestens 2014 soll sie verschwunden sein. Denn für die immer größer werdenden Schiffe, die den Kanal passieren, ist die alte Hochbrücke ein echtes Nadelöhr geworden. Die Durchfahrtshöhe von gut 40 Metern wird durch ihren Rundbogen nur in der Mitte erreicht. Wenn zwei entgegenkommende Schiffe sich gleichzeitig unter der Brücke hindurchzwängen wollen, kann es schon mal krachen. Deshalb muss eine neue Brücke her.

Dabei gibt es schon eine zweite Levensauer Hochbrücke, die 1984 neben der alten Brücke eröffnet wurde. Sie verbindet als Teil der B76 auf vier Fahrspuren Kiel mit Eckernförde, während die alte Brücke Straße und Eisenbahnschiene kombiniert. Und diesen Dienst soll in Zukunft die ganz neue, die dritte Levensauer Hochbrücke, tun. Zunächst war geplant, die neue Brücke zwischen die beiden bisherigen zu bauen und anschließend die älteste Brücke abzureißen. Die aktuelle Planung sieht jedoch aus Kosten- und baustatischen Gründen vor, die neue Brücke über die alte drüberzuschieben und anschließend die untere Brücke abzubauen. Klingt waghalsig und es bleibt spannend, ob dies tatsächlich in die Tat umgesetzt wird. Ab 2012 soll's losgehen. Profitieren werden davon vor allem die über 5.000 Großen Abendsegler, die jedes Jahr in den Widerlagern der Brücke überwintern. Damit ist die alte Levensauer Hochbrücke das größte Winterquartier für diese Fledermausart in Mitteleuropa. Durch die neuen Brücke-über-der-Brücke-Pläne kann das Widerlager und damit das Winterquartier für die Tiere erhalten werden.

Adresse 24107 Kiel-Suchsdorf | **Anfahrt** Vom Kieler Hauptbahnhof an der Förde entlang auf die Kaistraße, links auf den Stresemannplatz, weiter auf Ziegelteich, Exerzierplatz und Kronshagener Weg, rechts auf die Stephan-Heinzel-Straße, links halten auf Eckernförder Straße, der Straße knapp 5 Kilometer folgen, bis die Hochbrücke erreicht ist, nach der Brücke links zum Kanal abbiegen, um die Brücke von unten betrachten zu können | **Tipp** Etwas östlich der Brücke, am Kanal gelegen, befinden sich das Gut Knoop und das Restaurant »Kanalfeuer« mit schöner Sicht auf die vorbeifahrenden Schiffe.

53 Das Olympiazentrum

Erst kam der Name, dann das Programm

Kiel und Segeln – diese zwei Worte gehören spätestens seit Gründung der Kieler Woche im Jahr 1882 untrennbar zusammen. Und spätestens seit Bau des Olympiahafens im Jahr 1966 gehört das Segeln zu Schilksee. Dabei hat sich der Segelsport hier erst nach 1950 so richtig etabliert. In den 50er Jahren baute der Kieler Yacht-Club seinen Stützpunkt in Schilksee aus und machte so den Schilkseer Hafen zum Yachthafen. Ein paar Jahre später wurde der erste Segelverein in Schilksee gegründet.

Doch zurück zum Olympiahafen. Nach dem Krieg waren das Hafenbecken und die Stege in keinem guten Zustand. Schon bald nach der Eingemeindung Schilksees in die Stadt Kiel begannen daher die Planungen und Bauarbeiten für einen neuen Hafen für die Segler. Am 18. Juni 1966, pünktlich zur Kieler Woche, konnte der Hafen eingeweiht werden. Schon zur Eröffnung wurde ihm der Name Olympiahafen verliehen. Und das, obwohl München erst knapp zwei Monate zuvor als Austragungsort für die Olympischen Spiele 1972 benannt wurde. Man war eben zuversichtlich in Kiel, dass sich die Bayern schon für Schilksee zur Austragung der Segelwettbewerbe entscheiden würden. Und die Kieler sollten recht behalten. 1967 erhielt Schilksee den Zuschlag und konnte mit dem Bau des Olympiazentrums an Land beginnen. Der terrassenartig angelegte Betonbau mit Bootshallen, Organisationsräumen, Läden, Restaurants und Apartments wurde aus dem Boden gestampft. Dazu zwei Hochhäuser, ein Hotel, eine Reihe von Flachdachbungalows, ein Schwimmbad und eine neue Hafenmeisterei. Außerdem wurde der Hafen selbst erweitert.

So erhielt Schilksee in wenigen Jahren ein neues Gesicht. Und zwar ein ganz anderes, als das des ursprünglichen Schilksees mit der kleinteiligen, lockeren Bebauung. Doch die ist zum Glück nicht verschwunden, sondern erstreckt sich südlich des Olympiazentrums, direkt am feinsandigen Familienstrand.

Adresse Soling, Fliegender Holländer und Drachenbahn, 24159 Kiel-Schilksee | **Anfahrt** A215, Ausfahrt Kiel-Mitte, B76 Richtung Eckernförde, B503 Richtung Altenholz, Ausfahrt Richtung Schilksee, der Fördestraße folgen, rechts auf Tempest, links auf Drachenbahn | **Tipp** Kurz vor Schilksee befindet sich der Park von Gut Seekamp (Seekamper Weg 14), in dem Skulpturen des Künstlers Hans Kock zu sehen sind.

54 Die Plastik Wik

Symbol für den Start der Novemberrevolution

Mitten in der Kieler Innenstadt liegt der Ratsdienergarten, in dem sich neben anderen Skulpturen auch die Plastik »Wik« des Künstlers Hans-Jürgen Breuste befindet. Die drei überdimensionalen Skulpturen aus rostigem Stahl und Granit sollen an den Kieler Matrosenaufstand von 1918 erinnern. Das Denkmal war bei seiner Errichtung 1982 umstritten, da es von der Optik nicht unbedingt direkte Assoziationen zum Matrosenaufstand weckt und der gewählte Standort keinen historischen Bezug dazu hat. Lediglich der Name Wik steht für den Stadtteil Kiels, der damals Marinesiedlung war. Nun lässt sich über moderne Kunst nicht streiten, und auch wenn man die Plastik nicht als aussagekräftig empfinden mag, die Geschichte dahinter ist es umso mehr. Schließlich wurde damals von Kiel aus das Deutsche Reich grundlegend verändert.

Ausgangspunkt war ein geheimer Befehl zum Ende des Ersten Weltkriegs, dass die deutsche Hochseeflotte trotz der schon feststehenden Niederlage in eine letzte Entscheidungsschlacht gegen die britische Royal Navy ziehen sollte. Die Matrosen wollten sich nicht in einer sinnlosen Schlacht opfern lassen und verweigerten die Befehle. Das Geschwader fuhr in den Heimathafen nach Kiel, wo 47 aufständische Matrosen verhaftet wurden. Dies führte zu noch größeren Unruhen. Und so versammelten sich Tausende von Menschen, nicht nur Matrosen, sondern auch Arbeiter verlangten die Freilassung der Meuterer, forderten die Beendigung des Krieges und die Verbesserung der Versorgungssituation. Die Aufstände waren der Startschuss für die Novemberrevolution 1918/1919. Am Ende musste der Kaiser abdanken, und das Deutsche Reich wurde zu einer parlamentarisch-demokratischen Republik.

Zugegeben, eine solch komplexe Geschichte, die hier auch nur verkürzt wiedergegeben wurde, ist bildhauerisch schwer umzusetzen. Mit »Wik« wurde diesem historischen Ereignis ein Denkmal gesetzt, das man zumindest nicht übersehen kann.

Adresse zwischen Jensendamm und Lorenztendamm, 24103 Kiel-Altstadt | **Anfahrt** Vom Kieler Hauptbahnhof an der Förde entlang auf die Kaistraße, weiter auf den Wall, links auf den Prinzengarten, rechts auf den Schlossgarten, links auf den Lorentzendamm/Kleiner Kiel | **Tipp** Vom Ratsdienergarten aus lohnt sich ein Spaziergang um den Kleinen Kiel bis zum Hiroshimapark auf der anderen Seite der Wasserfläche.

55＿Das rote Sofa

Großes Möbel, großartige Aussicht

Der Aufstieg Gaardens vom kleinen Dorf zum Kieler Stadtteil mit 30.000 Einwohnern kam mit den Werften. Denn im späten 19. Jahrhundert wurden derer drei am Ostufer der Förde gegründet. Und mit ihrem Niedergang verschwanden auch die Arbeiter wieder. Die 30.000er-Marke wurde nämlich 1910 geknackt, als Kiel Reichsmarinehafen war und die Auftragsbücher der Werften noch voll waren. Nach dem Werftensterben im 20. Jahrhundert ist nur noch die Howaldtswerke-Deutsche Werft übrig geblieben, und in Gaarden leben noch rund 16.000 Menschen. Von denen ist allerdings nur noch ein Bruchteil bei der Werft beschäftigt.

Ansonsten entspricht Gaarden der üblichen Vorstellung eines ehemaligen Arbeiterviertels: Geprägt von Geschosswohnungsbau und hohen Arbeitslosenzahlen, ist ein sozialer Brennpunkt entstanden. Warum sollte man also als Nicht-Gaardener den Stadtteil überhaupt aufsuchen? Weil Gaarden seit ein paar Jahren um eine kleine Attraktion reicher geworden ist. Die kleine Attraktion besteht aus einem großen Sofa, um nicht zu sagen, einem überdimensionalen Sitzmöbel. 4,30 Meter ist es breit, 1,70 Meter hoch und dazu knallrot. Vom Sofa, das oberhalb der Werftstraße steht, hat man eine tolle Aussicht auf Kiel und die Förde. Sogar bis zum Schleswig-Holsteinischen Landtag reicht die Sicht. Das rote Sofa wurde als Maßnahme des Städtebauförderprogramms »Soziale Stadt« umgesetzt. Ziel war es, zu zeigen, dass der Stadtteil Gaarden durch seine schöne Lage am Wasser ausbaubare Potenziale besitzt. Außerdem sollte durch die Gestaltung des Umfeldes mit weiteren Sitzmöglichkeiten und Obstbäumen ein Treffpunkt für Besucher und Bewohner geschaffen werden.

Ob sich hier tatsächlich Jung und Alt auf eine Runde Skat treffen oder doch eher abends Jugendliche auf ein paar Bier, sei mal dahingestellt. Auf jeden Fall lernt man durch das rote Sofa und seine schöne Aussicht einen Stadtteil kennen, den man sonst nicht unbedingt aufsuchen würde.

Adresse in der Nähe des Hochhauses Sandkrug 34, 24143 Kiel-Gaarden | **Anfahrt** B76, Ausfahrt B502 Richtung Schönberg/Laboe, links auf die Pickertstraße, rechts auf die Elisabethstraße, links auf Sandkrug | **Tipp** Wer schon mal in Gaarden ist, sollte unbedingt den sehr schön angelegten Volkspark (zwischen Werftstraße und Ostring) mit seinem blumenreichen Staudengarten besuchen.

56_ Die Schleuseninsel

Nadelöhr für die dicken Pötte

Die Schleuseninsel ist eines der Wahrzeichen des Kieler Stadtteils Holtenau. Genau genommen sind es zwei Inseln. Die nördliche Insel wird vom Holtenauer Ufer durch den toten Arm des ehemaligen Eiderkanals getrennt. Er war als Vorgänger des Nord-Ostsee-Kanals rund 100 Jahre in Betrieb und verlor mit Aufkommen der Dampfschifffahrt seine Bedeutung. Heute dient er der Entwässerung des Nord-Ostsee-Kanals.

Zwischen den beiden Schleuseninseln befinden sich die alten Schleusen, die mit der Eröffnung des Nord-Ostsee-Kanals 1895 in Betrieb genommen wurden. Heute werden sie nur noch in den Sommermonaten für Sportboote geöffnet. Die neuen Schleusen zwischen der südlichen Insel und dem Stadtteil Wik lösten die alten Schleusen schon 1914 ab. Hier werden die richtig dicken Pötte durchgeschleust. 330 Meter lang, 45 Meter breit und 14 Meter tief sind die Kammern, die die Schiffe befahren müssen, um vom Kanal in die Förde oder umgekehrt zu gelangen. Von der Aussichtsplattform in Wik kann man dieses Treiben, das pro Schleusengang 45 Minuten dauert, hautnah miterleben.

Die Schleusen dienen übrigens nicht der Überwindung eines Höhenunterschieds oder dem Ausgleich des Tidenhubs, denn letzterer ist in der Ostsee kaum vorhanden. Die Holtenauer Schleusen sorgen gemeinsam mit ihrem Pendant in Brunsbüttel dafür, dass kein Wasser im Kanal hin- und herfließt. Dies könnte durch unterschiedliche Wasserstände zwischen Elbe und Kieler Förde verursacht werden und das Kanalbett beschädigen. Diese und noch viel mehr Informationen erhalten Besucher, die sich einer Führung auf die Schleuseninsel anschließen. Die Besichtigungstour dauert rund anderthalb Stunden. So nah wie hier kommt man den Schiffen nirgends auf dem fast 100 Kilometer langen Kanal. Anschließend kann man das Schleusenmuseum besuchen, das sich auf der Insel befindet.

Adresse 24159 Kiel-Holtenau | **Anfahrt** A215, Ausfahrt Kiel-Mitte, B76 Richtung Eckern-förde, B503 Richtung Altenholz, Ausfahrt Richtung Holtenau, der Beschilderung NOK Schleusenausstellung folgen | **Öffnungszeiten** Besuch der Insel und des Museums nur im Rahmen einer Führung möglich, März–Okt. täglich um 11, 13 und 15 Uhr | **Tipp** In den Sommermonaten lohnt es sich, die Besichtigung auf die Durchfahrt eines der eindrucksvol-len Kreuzfahrtschiffe abzustimmen. Termine unter www.wsa-kiel.wsv.de im Bereich Service.

57 Die Sparkassen-Arena

Vom Flugzeughangar zur Multifunktionshalle

Schleswig-Holstein ist das einzige Bundesland, das noch nie einen Fußball-Bundesligisten hatte. Aber einen zweimaligen Champions-League-Gewinner – allerdings im Handball. Der THW Kiel ist in seiner Sportart ungefähr das, was der FC Bayern München im Fußball ist: Deutscher Rekordmeister und Rekord-Pokalsieger. Wenn der THW, also der Turnverein Hassee-Winterbek e.V., ein Heimspiel hat, trägt ganz Kiel Schwarz-Weiß. Und 10.000 Fans der »Zebras« pilgern zum Exerzierplatz, wo die Ostseehalle zur »Ostseehölle« wird.

Mittlerweile heißt die Heimstätte des THW Sparkassen-Arena-Kiel, was der Stimmung aber keinen Abbruch tut. Als der Kieler Handballverein Mitte der 1990er Jahre richtig aufdrehte und seitdem fast jedes Jahr den Meistertitel an die Förde geholt hat, platzt die Halle regelmäßig aus allen Nähten. Wie gut, dass sie zur Jahrtausendwende umgebaut und um 2.500 Sitzplätze erweitert wurde. So ist sie für die Zukunft und viele weitere Siege gerüstet, schließlich hat sie nun schon 60 Jahre auf dem Buckel.

Alles begann mit der Entscheidung der Kieler Ratsversammlung, dass die Stadt eine Sport- und Ausstellungshalle inmitten der Stadt bekommen sollte. Ein ausrangierter Flugzeughangar wurde von Sylt nach Kiel gebracht, zu einer der größten Mehrzweckhallen Deutschlands umgebaut und 1951 zur Kieler Woche offiziell eingeweiht. In der Halle werden aber nicht nur die Heimspiele des THW ausgetragen. Hier finden Großveranstaltungen, Konzerte, Messen, Kongresse, Reitturniere und vieles mehr statt. Gelegentlich werden auch Fernsehshows wie Wetten, dass..? oder das Frühlingsfest der Volksmusik von hier aus gesendet.

In der Sparkassen-Arena wird also für jeden Geschmack etwas geboten. Wer aber an einer ganz besonderen Atmosphäre teilhaben will, sollte einmal versuchen, eine Karte für eine Bundesligapartie des THW zu ergattern. Gänsehaut ist garantiert! Auch für Nichthandballfans.

Adresse Europaplatz 1, 24103 Kiel-Vorstadt | **Anfahrt** Vom Kieler Hauptbahnhof an der Förde entlang auf die Kaistraße, links auf den Stresemannplatz, weiter auf Ziegelteich und Exerzierplatz, wo sich Parkplätze befinden | **Öffnungszeiten** zu den Veranstaltungen | **Tipp** Wem das Veranstaltungsprogramm in der Arena zu profan ist, geht zwei Straßen weiter. Dort liegt das Opern- und Schauspielhaus.

58 Die Stadtbilderei
Kunst für jedermann

Eine Bücherei ist schon was Praktisches: Man muss sich nicht ständig neue Bücher kaufen, sondern leiht sich gegen eine geringe Gebühr einfach welche aus. Könnte es so etwas nicht auch für Kunst geben? Gibt es! In der Stadtbilderei in Kiel. 50 Euro kostet der Jahresbeitrag. Dafür kann man sich alle zwei bis vier Monate jeweils zwei neue Bilder ausleihen und so seine persönliche Wechselausstellung in der eigenen Wohnung kreieren.

Artotheken, also Kunstverleihstellen, gibt es in Deutschland seit Ende der 1960er Jahre. Sie orientierten sich an den Vorbildern in England, Frankreich und den Niederlanden, wo der Kunstverleih schon länger etabliert war. Die Stadtbilderei wurde 1979 ins Leben gerufen. Damit ist sie eine der ältesten Artotheken Deutschlands und die älteste in Schleswig-Holstein. Mit 373 Bildern fing es seinerzeit im Sparkassengebäude am Kleinen Kiel an. Drei Umzüge überlebte die Stadtbilderei und fand im Jahr 2000 ihr neues Zuhause im Foyer der Stadtgalerie im Neuen Rathaus. Dort residiert sie noch heute, und ihr Bestand ist inzwischen auf über 1.200 Bilder gewachsen. Die zeitgenössischen Werke stammen überwiegend von Künstlern aus Kiel und Schleswig-Holstein. Sie haben die Bilder gestiftet oder als Leihgabe zur Verfügung gestellt. Neben Aquarellen und Zeichnungen gibt es Radierungen, Fotografien und vieles mehr auszuleihen. Sogar Lithografien von Picasso und Miró sind dabei.

Seit über 30 Jahren versorgt die Stadtbilderei ihre Nutzer mit frischer Kunst fürs Wohnzimmer. Ein schöner Service, den die Stadt Kiel ihren Bürgern bietet. Und wie es bei vielen öffentlichen Kultureinrichtungen der Fall ist, wird auch die Existenz der Stadtbilderei aus finanziellen Gründen immer wieder hinterfragt. Doch sie hat sich in all den Jahren erfolgreich gegen die Kritiker zur Wehr setzen können. Und wird hoffentlich noch viele weitere Jahre die Kieler Kunstfreunde erfreuen können.

59__Das Marine-Ehrenmal
Vom Ehrenmal zum Mahnmal

Das Ostseebad Laboe liegt am äußeren Rand der Kieler Förde und ist mit seinem feinsandigen Strand ein beliebtes Ausflugsziel, besonders für die Landeshauptstädter. Mindestens genauso bekannt ist Laboe aber auch wegen seines weithin sichtbaren Marine-Ehrenmals. Der 72 Meter hohe Turm, von dem aus man einen fantastischen Rundumblick über die Kieler Bucht, die Förde und das Hinterland hat, wurde zwischen dem Ersten und dem Zweiten Weltkrieg erbaut.

Das Ehrenmal sollte den Angehörigen der im Krieg auf See gebliebenen Soldaten der Kaiserlichen Marine ein Ort zum Gedenken und der Trauer sein. Allerdings stand die Sinngebung für das Ehrenmal bei der Grundsteinlegung 1927 noch unter dem Einfluss der deutschen Niederlage im Ersten Weltkrieg. Und so ist in der Widmung »Für deutsche Seemannsehr. Für Deutschlands schwimmende Wehr. Für beider Wiederkehr.« das Ansinnen auf Rache klar erkennbar. Trotzdem wurde das Ehrenmal nach dem Zweiten Weltkrieg von den Alliierten nicht gesprengt, mit der Begründung, dass es den Krieg nicht verherrliche. Mittlerweile hat das Marine-Ehrenmal einen entscheidenden Bedeutungswandel erfahren. Als der Deutsche Marinebund das Bauwerk 1954 zurückerhalten hat, wurde in der neuen Widmung den auf See gefallenen Soldaten aller Nationen gedacht. Im Zuge von umfassenden Sanierungsarbeiten in den 90er Jahren wurde die Sinngebung nochmals abgewandelt. Seitdem ist der Turm eine »Gedenkstätte für die auf See Gebliebenen aller Nationen – Mahnmal für eine friedliche Seefahrt auf freien Meeren« und gedenkt seither auch den Toten der zivilen Schifffahrt.

Ein Besuch des Ehrenmals lohnt nicht nur wegen der grandiosen Aussicht. In der dazugehörigen historischen Halle ist eine Ausstellung zur Geschichte der zivilen Schifffahrt und der Marine zu sehen. Neben dem Marine-Ehrenmal liegt das ehemalige Kriegs-U-Boot U995, das als historisch-technisches Museum genutzt wird.

Adresse Strandstraße 92, 24235 Laboe | Anfahrt A215, Ausfahrt Kiel-Mitte, B202/B76
Richtung Lübeck, Ausfahrt Schönberg/Laboe, B502, Beschilderung Richtung Laboe fol-
gen, links auf den Professor-Munzer-Ring, links auf die Strandstraße. | Öffnungszeiten
April–Okt. 9.30–18 Uhr, Nov.–März 9.30–16 Uhr | Tipp Von Kiel kann man Laboe auch
mit öffentlichen Verkehrsmitteln erreichen. Einfach am Fähranleger am Bahnhof in die
Fördefährlinie 1 einsteigen.

60 Der Naturlehrpfad des Museumshofs Lensahn

Alte Pflanzen neu entdeckt

Kaiser Wilhelm, Roter Hauptmann, Freiherr von Berlepsch … Nein, der Naturlehrpfad im ostholsteinischen Lensahn widmet sich nicht etwa dem preußischen Adelsgeschlecht. Es handelt sich vielmehr um alte Apfelsorten, die im Eingangsbereich des Museumshofs Lensahn wachsen. Auf dem Naturlehrpfad, der zum Gelände gehört, sind insgesamt 232 alte Obstsorten zu bestaunen, darunter auch so interessant klingende und seltene Arten wie Dönissens Gelbe Knorpel, eine wachsgelbe Knorpelkirsche.

Auf dem 2,4 Kilometer langen Weg gibt es aber nicht nur Obst zu entdecken. Er führt über Alleen mit 326 verschiedenen Baumarten und durch Museumsfelder, auf denen Getreidesorten angebaut werden, die in unserer Gesellschaft schon fast in Vergessenheit geraten waren. Doch dank der Ökobewegung, die mittlerweile auch immer mehr moderne Großstädter erfasst hat, sind Amaranth, Buchweizen, Dinkel und Co. wieder im Kommen. Zumindest in den Biomüslimischungen. Auf dem Naturlehrpfad in Lensahn können die Stadtkinder − und auch die vom Lande − sehen, wie diese Pflanzen sich von der Aussaat bis zur Ernte entwickeln. Außerdem kann man historische Bauern-, Rosen- und Kräutergärten sowie einen Fußtastpfad besuchen.

Sollte der Nachwuchs unterwegs zu quengeln beginnen, kann man auf einem der Rastplätze eine Picknickpause einlegen und darauf verweisen, dass es auch noch das Labyrinth aus Hainbuchen zu entdecken gibt, das das ganze Jahr über zugänglich ist. Im Herbst gibt es zusätzlich ein zweites Labyrinth aus Mais.

Der Museumshof, zu dem der Naturlehrpfad gehört, bietet ohnehin ein spannendes Programm für Kinder: Historische Trecker, ein Streichelgehege mit Ziegen und Kaninchen sowie ein großer Spielplatz sorgen für Begeisterung bei den kleinen Besuchern.

Adresse Prienfeldhof, 23738 Lensahn | **Anfahrt** A1, Ausfahrt Lensahn, Richtung Lensahn, nach ca. 1 Kilometer direkt nach den Bahngleisen rechts auf den Parkplatz des Museumshofs abbiegen | **Öffnungszeiten** Mai–Sept. täglich 10–18 Uhr, April und Okt. täglich 10–17 Uhr | **Tipp** Das Alte Doktorhaus (Eutiner Straße 25) ist für alle ein Muss, die Antiquitäten und selbst gebackenen Kuchen lieben.

E/ 78 / R

Dönissens Gelbe Knorpel

Beschreibung: wachsgelbe Knorpelkirsche, mittelgroß, der Behang ist büschelig, stumpf-herzförmig. Fruchtfleisch: fest, süß, geringe Säure, wenig Aroma, angenehm würzig, steinlösend

Verwendung: nur für Frischverzehr und als Konservenfrucht

Reife: 4. - 5. Kirschenwoche (ca. Ende Juli), Frucht ist sehr regen- und windempfindlich

allgemeines: stammt aus Deutschland. Auch unter dem Namen Wachs- oder Schwefelkirsche bekannt. -selbstunfruchtbar- Befruchtersorten: 'Büttners Rote Knorpel', u.a.

61 Der Aegidienhof

Gemeinschaftswohnprojekt in historischen Mauern

Der Aegidienhof ist ein Ensemble von zwölf historischen Gebäuden in der Lübecker Altstadt, die sich um einen gemeinsamen Innenhof gruppieren. 1999 schlossen sich Bürgerinnen und Bürger zusammen, um die Häuser zu kaufen und zu sanieren. Bereits zwei Jahre später konnte der neue Aegidienhof feierlich eröffnet werden. Entstanden ist ein gemeinschaftliches Wohnprojekt, in dem junge und alte Menschen, Alleinstehende und Familien sowie Menschen mit und ohne Behinderungen zusammenleben. Es gibt Flächen zum Wohnen, zum Arbeiten und zur gemeinsamen Nutzung, zum Beispiel für kulturelle oder soziale Aktivitäten.

Die soziale Ausrichtung des Wohnprojekts passt perfekt zum Aegidienhof. Denn der Gebäudekomplex wurde seit Jahrhunderten sozial und gemeinschaftlich genutzt. Die ersten Gebäude wurden 1270 direkt gegenüber der Aegidienkirche als Beginenkonvent errichtet. Beginen waren Frauen, die in einer klosterartigen Gemeinschaft zusammenlebten. In den folgenden Jahrzehnten und Jahrhunderten wurden rund um den Aegidienhof weitere Häuser gebaut, die unter anderem als Aegidienkonvent mit eigener Hauskapelle, als Armenhaus und auch als Waisenhaus genutzt wurden. Das heutige Wohnprojekt, das alte und behinderte Menschen integriert und vielfältige Möglichkeiten für gemeinschaftliche Aktivitäten bietet, ist somit eine moderne Fortschreibung der Geschichte des Aegidienhofs.

Vorträge, Ausstellungen und Feste machen den Aegidienhof zu einem Anlaufpunkt für das gesamte Viertel und weit darüber hinaus. Doch auch wenn gerade mal nichts los ist, lohnt sich ein Besuch des Hofs. Die roten Backsteingebäude wirken einheitlich, weisen aber bei genauem Hinsehen ganz unterschiedliche Architekturstile auf. Die behutsame Sanierung hat die alte Substanz geschmackvoll mit modernen Details kombiniert. Und die liebevolle Gestaltung und Bepflanzung des Innenhofs sorgen für einen gemütlichen Gesamteindruck.

Adresse zwischen St.-Annen-Straße, Stavenstraße und Weberstraße, 23552 Lübeck-Innenstadt | **Anfahrt** vom Kohlmarkt die Wahmstraße hinabgehen, rechts in die Straße Balauerfohr einbiegen, die in die St.-Annen-Straße übergeht | **Öffnungszeiten** frei zugänglich, bitte Rücksicht auf die Bewohner nehmen | **Tipp** Im weiteren Verlauf der St.-Annen-Straße befinden sich die sehenswerte Kunsthalle St. Annen und das St.-Annen-Museum.

62 Die Alte Mühle

Von der Kornmühle zum Wasserkraftwerk

Der Mühlenteich ist eine der besten Wohnadressen auf der Lübecker Altstadtinsel. Kein Wunder: Im Schatten der Domtürme, mit Blick auf das Wasser und die gegenüberliegenden Wallanlagen, lässt es sich gut aushalten. Die Menschen im Mittelalter verfolgten mit der Aufstauung des Mühlenteichs allerdings ganz andere Ziele als die Verschönerung der Wohnumgebung. Ihnen ging es um das tägliche Brot, denn so konnten am Mühlendamm die städtischen Mühlen betrieben werden.

Genau genommen entstand der Mühlenteich, als die Wakenitz durch den Hüxterdamm und den Mühlendamm aufgestaut wurde, um die Wasserkünste und Wassermühlen zu betreiben. Da die Wakenitz ursprünglich bis an die Altstadt heranreichte, entstanden nach Errichtung der Staudämme der Krähen- und der Mühlenteich, welche die Wakenitz in die Trave entwässerten. Dies tun sie noch heute. Schließlich darf der Wasserstand der Wakenitz einen bestimmten Pegel nicht überschreiten, damit die 20 Kilometer entfernte Ratzeburger Altstadt nicht überschwemmt wird.

Durch die Aufschüttung des Mühlendamms Ende des 13. Jahrhunderts wurde zugleich auch Platz für die neuen städtischen Kornmühlen geschaffen. Sie lösten die bislang betriebenen Mühlen an der Mühlenbrücke ab. Von ehemals sechs Mühlen sind heute noch zwei erhalten. Die Gebäude stammen aus dem 19. Jahrhundert und ersetzten die Vorgängerbauten. In der ehemaligen Roggenmühle, die noch bis 1955 in Betrieb war, befinden sich heute eine Arztpraxis und ein Restaurant.

Doch ganz unnütz ist das alte Überlaufwehr auch heute noch nicht. 1991 wurde in der Mühle ein Wasserkraftwerk zur Stromerzeugung eingerichtet. Wie viel Strom das Kraftwerk erzeugt, hängt vom Wasserzufluss aus der Wakenitz in den Mühlenteich ab. Das ist zwar keine bedeutend große Menge, aber der erzeugte Strom wird direkt ins städtische Versorgungsnetz eingespeist und kann immerhin eine Handvoll Haushalte mit Ökostrom versorgen.

Adresse Mühlendamm, 23552 Lübeck-Innenstadt | **Anfahrt** vom Kohlmarkt über die Sandstraße zum Pferdemarkt gehen, weiter auf Parade und Großer Bauhof bis zum Mühlendamm | **Tipp** Im Restaurant »Alte Mühle« in der ehemaligen Roggenmühle gibt es äußerst leckere Flammkuchen mit jedem nur denkbaren Belag.

63 Der Bauspielplatz Roter Hahn

Freizeit und Schule mal anders

Auf einer weiträumigen Fläche im Lübecker Stadtteil Kücknitz werden historische Gebäude rekonstruiert, Garten- und Landbau betrieben, traditionelles Handwerk erhalten und Haustiere gepflegt. Aber das, was sich nach einem typischen Freilichtmuseum anhört, ist in Wirklichkeit ein überdimensionaler Kinderspielplatz. Unter der Anleitung von Pädagogen können die Kinder ihre Spielumgebung selbst gestalten und frei wählen, ob sie eine Holzhütte bauen, die Ziegen füttern oder lieber das Gemüsebeet bepflanzen möchten. Es wird aber auch gebastelt, gemalt und vieles mehr. Gemeinsam mit Archäologen werden besondere Projekte durchgeführt, wie zum Beispiel die Rekonstruktionsbauten eines wikingerzeitlichen Langhauses und einer frühmittelalterlichen Holzstabkirche aus Norwegen.

Die Idee, einen Ort für Kinder zu schaffen, an dem sie experimentieren sowie aktiv und kreativ sein können, klingt sehr modern und zukunftsweisend, ist aber nicht ganz neu. Denn die ersten Spielplätze dieser Art entstanden bereits in den 1950er Jahren in Dänemark. In Deutschland wurden sie seit Mitte der 70er Jahre bekannt. Und auch Lübeck erhielt 1979 den ersten Bauspielplatz im Stadtteil Buntekuh.

Der Bauspielplatz Roter Hahn wurde zwanzig Jahre später am anderen Ende Lübecks, im Stadtteil Kücknitz, eröffnet und bereichert seitdem nicht nur das Freizeitangebot der Kinder aus dem umliegenden Viertel, sondern auch das pädagogische Angebot für die Schulen in Lübeck und Umgebung. Projekttage, Klassenfahrten, Praktika für verhaltensauffällige Schüler und Berufsorientierungstage sind nur einige der Möglichkeiten, die den Lehrern und Schülern geboten werden. 2006 wurde der Bauspielplatz dafür mit dem internationalen Preis für Erlebnispädagogik ausgezeichnet, der vom Institut für Erlebnispädagogik an der Universität Lüneburg vergeben wird.

Adresse Pommernring 58, 23569 Lübeck-Kücknitz | **Anfahrt** die Lübecker Altstadt durch das Burgtor verlassen, ab Gustav-Radbruch-Platz auf B75 Richtung Travemünde fahren, durch den Herrentunnel fahren (Mautgebühr), Ausfahrt Richtung Lübeck-Kücknitz, Solmitzstraße, weiter auf den Ostpreußenring, rechts auf den Westpreußenring, rechts auf den Pommernring | **Öffnungszeiten** Di–Fr 13–18 Uhr und nach Vereinbarung | **Tipp** Hinter dem Bauspielplatz beginnt das Naturschutzgebiet Dummersdorfer Ufer, das für Kinder besonders im Frühjahr wegen der neugeborenen Lämmer interessant ist.

64 Das Bodendenkmal Liubice

Die Vorgängerin der berühmten Hansestadt

Die Anfänge des heutigen Lübecks gehen auf das Jahr 1143 zurück. Zu dieser Zeit gründete der Holsteiner Graf Adolf II. auf der Halbinsel zwischen Trave und Wakenitz die damals bedeutendste deutsche Hafenstadt an der Ostsee. Doch er war nicht der Erste, der die Lagegunst dieses Ortes erkannt hatte. Schon die Slawen, die während der Völkerwanderung im 7. Jahrhundert in die von den Germanen verlassenen Gebiete einzogen, siedelten sich am Unterlauf der Trave an. Das 819 gegründete Liubice lag allerdings nicht zwischen Trave und Wakenitz, sondern sechs Kilometer flussabwärts an der Mündung der Schwartau in die Trave. Es gilt aber dennoch als Vorsiedlung des heutigen Lübecks, denn Adolf II. unternahm seine Stadtgründung nur wenige Jahre nach der Zerstörung Liubices. Dabei ließ er sich sowohl bei der Auswahl des Standortes als auch des Namens von der slawischen Königsresidenz inspirieren.

Heute ist die Landzunge zwischen den beiden Flüssen, auf der sich einst die slawische Burganlage befand, ein Bodendenkmal. In der Mitte ist bei Grabungen das Fundament der Feldsteinkirche freigelegt worden, um die sich die einfachen Häuser gruppierten. Ein ovaler Trampelpfad markiert den Erdwall, der die Siedlung vor Hochwasser schützte. Innerhalb des Walls befanden sich außer der Kirche einige Holzhütten, Liubice war anfänglich nicht sonderlich dicht besiedelt. Das änderte sich mit der Machtergreifung des Slawenkönigs Heinrich am Ende des 11. Jahrhunderts. Er wählte Alt-Lübeck zum Hauptort seines Reichs, wodurch Liubice mit seinem Hafen zu einem wichtigen Handelsplatz aufstieg. Doch die Blütezeit währte nicht lange. Nach Heinrichs Tod blieben der Siedlung nur noch zehn Jahre, dann wurde sie 1138 während slawischer Auseinandersetzungen zerstört.

Doch jedes Ende ist auch ein Anfang. Liubice hatte sich als Hafen- und Handelsplatz einen Namen gemacht und damit den Grundstein für die spätere Königin der Hanse gelegt.

Adresse Zur Teerhofsinsel, 23554 Lübeck-St. Lorenz-Nord | **Anfahrt** A1, Ausfahrt
Bad Schwartau, rechts Richtung Zentrum, kurz danach links Richtung Zentrum, nach
150 Metern rechts Zur Teershofinsel, nach den Bahngleisen links halten und parallel zur
Bahnlinie fahren, beim Stettiner Yacht-Club halten (nur begrenzte Parkmöglichkeiten) und
dem Weg gut einen Kilometer zu Fuß folgen | **Tipp** Wer nach dem Spaziergang etwas
Entspannung braucht, kann sich in der Holstein Therme in Bad Schwartau erholen.

65 Das Brauberger

Die Fortsetzung einer langen Brautradition

Wenn man eine Lübecker Spezialität benennen soll, fällt einem natürlich sofort Marzipan ein. Der zweite Gedanke ist dann meist der Lübecker Rotspon, ein französischer Bordeaux, der in Lübeck gelagert und abgefüllt wird. Bier aus Lübeck ist dagegen nur Alteingesessenen ein Begriff. Und das ist nicht verwunderlich. Schließlich wurde die Brauerei Lück – Lübecks einzige über die Stadtgrenzen hinaus bekannte Brauerei – im Jahr 1988 geschlossen. Seitdem wird in der Hansestadt kein Bier mehr industriell hergestellt.

Dabei hat Lübeck eine jahrhundertealte Brauereitradition vorzuweisen. Im Mittelalter war es jedem Haushalt gestattet, für seinen eigenen Bedarf Bier zu brauen, das damals als Grundnahrungsmittel galt. 1363 mussten sich die Lübecker Bierbrauer zu einer Brauerzunft zusammenschließen – dies war die Geburtsstunde der gewerblichen Brauereien der Stadt.

Im 15. Jahrhundert gab es rund 180 Brauhäuser auf der Altstadtinsel, die hauptsächlich dunkles Rothbier brauten. Es war aufgrund des hohen Alkoholgehalts länger haltbar und eignete sich daher gut für den Export. Erst ab dem 16. Jahrhundert wurde das hellere Weißbier immer beliebter. Doch der zunehmende Import von Bier und der bei den oberen Schichten immer beliebtere Rotwein läuteten im 19. Jahrhundert das Ende der meisten Brauhäuser ein. Von den 132 Brauereien, die es 1804 noch gab, überlebten nur wenige. Mit Schließung der Brauerei Lück – 1866 als erste industrielle Brauerei Lübecks gegründet – sollte die Lübecker Brautradition zunächst ihr Ende finden.

Doch kurz danach wurde das Brauhaus Brauberger in der Alfstraße eröffnet. In einem fast 800 Jahre alten romanischen Kellergewölbe wird ein würziges naturbelassenes Bier gebraut, das dem traditionellen Rothbier ähnlich ist. Der kupferne Braukessel befindet sich im Gastraum des Braubergers, sodass eine jahrhundertealte Tradition erlebbar wird.

Adresse Alfstraße 36, 23552 Lübeck-Innenstadt | Anfahrt vom Lübecker Kohlmarkt rechts in die Straße Schüsselbuden gehen, die dritte Straße rechts ist die Alfstraße | Öffnungszeiten täglich ab 17 Uhr geöffnet | Tipp In den beiden nördlich gelegenen Parallelstraßen befinden sich mit dem »Schabbelhaus« (Mengstraße 48) und dem »Wullenwever« (Beckergrube 71) zwei der besten Restaurants Lübecks.

66 Die Bürgergärten

Eine Ruheinsel inmitten der Stadt

Mitten auf der Lübecker Altstadtinsel, die aufgrund ihrer dichten Bebauung kaum Platz für Grünflächen und Bäume bietet, liegt hinter der lebhaften Königstraße ein Ort der Ruhe – eine grüne Oase. Zwar ohne Palmen, dafür aber mit plätscherndem Wasser und Skulpturen der Moderne. Andernorts auf der Insel befinden sich hinter den straßenseitigen Bürgerhäusern zumeist die historischen Gänge mit ihrer kleinteiligen Bebauung. Sie dienten seinerzeit den einfachen Arbeitern als Behausung. Hinter den klassizistischen Gebäuden der Königstraße 3–11 entdeckt man jedoch einen Ort von ungeahnter Großzügigkeit.

Obwohl die Gärten zu einer kleinen Parkanlage verbunden sind, lassen die Mäuerchen und Einfriedungen sowie die unterschiedliche Gestaltung die Zugehörigkeit zu den verschiedenen Häusern erkennen.

So ist der Garten des Heiligen-Geist-Hospitals, der rundum von Mauern umgeben ist, mit seiner Wegführung im Stil eines Klostergartens angelegt. Sitzbänke laden zum Verweilen ein. Die Gärten hinter der Gesellschaft zur Beförderung gemeinnütziger Tätigkeit – kurz »Gemeinnützige« genannt – und hinter dem Museum Behnhaus sind in Anlehnung an den Klassizismus gestaltet und bilden gemeinsam einen kleinen Skulpturenpark. Auf der Gartenterrasse des Restaurants Heinrichs im Garten der Gemeinnützigen erhält man einen guten Überblick über die Gärten.

Bereits aus den 1960er Jahren stammt die Idee, die Verbindung der Gärten bis zum Günter Grass-Haus in der Glockengießerstraße 21 zu erweitern. Die Pläne sind allerdings noch nicht umgesetzt, da bislang die Zustimmung einzelner Hauseigentümer in der Königstraße fehlt.

Ein Anfang ist jedoch gemacht: Der Hof des Grass-Hauses ist bereits mit dem Willy-Brandt-Haus in der Königstraße 21 verbunden.

Adresse Königstraße 3–11, 23552 Lübeck-Innenstadt | **Anfahrt** vom Kohlmarkt die Wahm-
straße ein Stück hinabgehen und nach links in die Königstraße einbiegen | **Öffnungszeiten**
Zugang durch das Museum Behnhaus, Di–So 10–17 Uhr (Jan.–März erst ab 11 Uhr) |
Tipp Im Garten des Behnhauses befindet sich der Ausstellungspavillon der Overbeck-
Gesellschaft. Hier werden wechselnde Ausstellungen zeitgenössischer Kunst gezeigt.

67 Der Burgtorfriedhof
Wer hier liegt, gehört(e) dazu

Eigentlich war die Einrichtung des Lübecker Burgtorfriedhofs nur eine Notlösung. Aus hygienischen und technischen Gründen durften keine Bestattungen mehr auf den kirchlichen Friedhöfen in der Innenstadt durchgeführt werden. Deshalb bekam jede der fünf Kirchengemeinden ein Quartier auf dem 1832 eröffneten »allgemeinen Gottesacker« vor den Toren der Stadt zugewiesen. Und der neue Friedhof wurde von den Bürgern schnell angenommen.

Man sagt, dass eine Familie in Lübeck erst dann als eingesessen gilt, wenn sie mindestens zwei Generationen ihrer Verstorbenen auf dem Burgtorfriedhof bestattet hat. Wer etwas auf sich hält, sollte sich also rechtzeitig einen Liegeplatz reservieren, um sich zwischen den Persönlichkeiten der Lübecker Stadtgeschichte einzureihen.

Beim Besuch der Anlage wird klar, warum der Burgtorfriedhof die erste Wahl für eine prestigeträchtige Bestattung ist: Über 100 repräsentative Mausoleen beziehungsweise Familiengruften und klassizistische Grabmäler sind hier zu finden. Diese zu errichten war jedoch nur privilegierten Bürgern wie Senatoren und Kaufleuten vorbehalten. Somit sind viele Namen auf den teilweise über 150 Jahre alten Grabmalen noch heute wohlbekannt: Die Kaufmannsfamilie Possehl, der Literat Emanuel Geibel, die Industriellenfamilie Dräger und 18 Mitglieder der Familie Mann sind hier bestattet.

Wer also ein Gefühl für die Geschichte des lübschen Bürgertums bekommen möchte, dem sei ein Spaziergang über den Burgtorfriedhof angeraten. Aber auch für Natur- und Landschaftsliebhaber ist der Besuch lohnenswert. Das knapp acht Hektar große Areal ist parkähnlich angelegt und kann mit einem mehr als 150 Jahre alten Baumbestand aufwarten. Dazwischen finden sich auch größere Wiesenflächen, die erahnen lassen, wie es hier im 19. Jahrhundert ausgesehen haben mag. Damals war der Friedhof mit Gras bewachsen, und die Schafe des Friedhofsverwalters weideten darauf.

Adresse Eschenburgstraße 20 (Haupteingang), 23568 Lübeck-St. Gertrud | **Anfahrt**
Lübecker Altstadt durch das Burgtor verlassen, die Travemünder Allee (B75) nehmen,
nach ca. 600 Metern links in die Eschenburgstraße einbiegen | **Öffnungszeiten** jahreszeiten-
abhängig, täglich von 7 bis mindestens 16.30 Uhr | **Tipp** Direkt an den Burgtorfriedhof an-
grenzend, befindet sich der fünf Hektar große Ehrenfriedhof (Zugang über Sandberg).

68 Der Dassower See

Naturschutz durch die innerdeutsche Teilung

Dass der Dassower See per Definition gar kein See ist, bleibt bei der bewegten Vergangenheit des ehemaligen Grenzgewässers eine Randerscheinung. Dennoch sollte erwähnt werden, dass der Dassower See eine Brackwasserseitenbucht der Travemündung ist und genau wie die Pötenitzer Wiek nur durch die Halbinsel Priwall von der Ostsee getrennt wird. Trotz seines Namens und der direkten Lage zu der nordwestmecklenburgischen Stadt Dassow ist der See bereits seit dem 17. Jahrhundert Teil des Stadtgebiets der Hansestadt Lübeck. Somit gehörte das Gewässer während der innerdeutschen Teilung zwar zur Bundesrepublik und war von der Trave aus schiffbar, die gesamte Uferfläche war jedoch Grenz- und Sperrgebiet. Eine mehrere Meter hohe Mauer aus Betonelementen versperrte sogar die Sicht auf den See. Vielleicht wollte die DDR-Regierung den Bewohnern Dassows dadurch die plötzliche Trennung von ihrem Naherholungsgebiet erleichtern.

Doch wie meistens im Leben wurde auch am Dassower See aus des einen Leid des anderen Freud. Freuen durfte sich in diesem Fall die Natur und insbesondere die Vogelwelt. Unter den Schutzbedingungen der Sperrzone blieb die Natur am Ufer mehr als 40 Jahre lang nahezu ungestört. Insbesondere für nordische Wasservögel, deren Zugstraßen gen Süden sich hier kreuzen, dient das Gewässer als Rastplatz und Überwinterungsquartier. Doch nicht nur Durchreisende und Urlauber fühlen sich hier wohl, auch für viele heimische Vogel- und Tierarten ist der Dassower See von großer Bedeutung. Er ist Brutgebiet für über 90 Vogelarten, Nahrungsrevier für Seeadler und Fischotter sowie Lebensraum für die empfindlichen Fluss- und Meerneunaugen. 1983 wurde der Dassower See mit den Uferbereichen unter Naturschutz gestellt, wodurch Störfaktoren auch nach der Grenzöffnung gering gehalten und dieser einzigartige Lebensraum erhalten werden konnte. Da es auch heute noch keinen Rad- oder Wanderweg in direkter Ufernähe gibt, erkundet man den Dassower See am besten per Schiffsrundfahrt von Lübeck aus.

Adresse Dassower See, 23569 Lübeck | **Anfahrt** B104/105 Richtung Rostock/Schwerin, die B105 führt direkt am See vorbei nach Dassow | **Tipp** In der Nähe befinden sich die schönen naturbelassenen Strände der mecklenburgischen Ostseeküste, wie zum Beispiel Rosenhagen oder Groß Schwansee.

69 Der Dükerkanal

Grachtenartiges Idyll in der Hansestadt

Wasser ist das Lebenselixier der Hansestadt Lübeck und seiner Bewohner: Die Trave und der Elbe-Lübeck-Kanal sind als Handels- und Verkehrswege wichtige Wirtschaftsfaktoren der Stadt. Mühlenteich, Krähenteich und die aufgestaute Wakenitz sorgen für einen hohen Naherholungswert der Altstadtbewohner. Während diese Namen jedem Lübecker und auch den meisten Touristen geläufig sind, gibt es ein weiteres innerstädtisches Gewässer, das im Vergleich dazu eher unscheinbar daherkommt: der Dükerkanal. Er wurde zu Beginn des 20. Jahrhunderts angelegt, als beim Bau des Elbe-Lübeck-Kanals der Falkendamm errichtet und dadurch der Abfluss der Wakenitz gekappt wurde. Über den Dükerkanal wird das Wasser der Wakenitz abgeleitet und mittels eines Rohrsystems (das in der Fachsprache Düker genannt wird) unter dem Elbe-Lübeck-Kanal hindurchgeführt. Auf diese Weise entwässert die Wakenitz in den Krähenteich.

Der Dükerkanal hat also in erster Linie eine funktionale Bedeutung für den Wasserpegel der Wakenitz. Bei genauerem Hinsehen entpuppt sich das nur mehrere Hundert Meter lange Kanälchen aber auch als wahres Kleinod. Zwischen Hüxtertorallee und Wakenitzufer mutet der Dükerkanal fast schon grachtenartig an. Von Gärten der angrenzenden Wohnhäuser gesäumt, reihen sich an beiden Uferseiten die Ruderboote der Bewohner aneinander. Mächtige Trauerweiden und das üppige Grün der Gärten erzeugen beim Betrachter sofort ein Wohlgefühl. Und bei manch einem den Wunsch, selbst ein solches Wassergrundstück in der Dorotheen- oder Blanckstraße sein Eigen nennen zu dürfen. Wem dieses Glück nicht vergönnt ist, dem bleibt nur der verträumte Blick von der Brücke in der Hüxtertorallee oder von der am Wakenitzufer. Wer noch ein wenig dichter ranwill, kann den Düker auch von der Wasserseite her kennenlernen und bei einer Bootstour auf der Wakenitz einen Abstecher in diese wunderschöne Sackgasse unternehmen.

Adresse Hüxtertorallee oder Wakenitzufer (jeweils Brücke zwischen Dorotheenstraße und Blanckstraße), 23564 Lübeck-St. Jürgen | **Anfahrt** Lübecker Altstadt nach Osten über Hüxterdamm verlassen, rechts in die Hüxtertorallee einbiegen | **Tipp** In der Augustenstraße an der nahe gelegenen Moltkebrücke befindet sich ein Bootsverleih, der Kanus und Tretboote vermietet.

70 Das Fischerdorf Gothmund

Reetdachidyll am Traveufer

Zugegeben, in den Gängen der Lübecker Altstadt kann man so einige idyllische Plätze entdecken, aber einer der idyllischsten Flecken der Hansestadt befindet sich ein paar Kilometer vom Stadtzentrum entfernt. Im ehemaligen Fischerdorf Gothmund taucht man in eine ganz andere Welt ein. Direkt am Traveufer führt ein Fußweg zwischen den teilweise mehrere hundert Jahre alten reetgedeckten Fischerhäusern hindurch. Der Besucher glaubt fast, sich in ein Freiluftmuseum verirrt zu haben. Der kleine Naturhafen mit seinen Fischerbooten macht diesen Eindruck perfekt. Doch die Boote werden tatsächlich noch genutzt, und in den Reethäusern leben auch ein paar echte Fischer.

Die Fischer waren es auch, die vor mehr als 500 Jahren auf dem Weg von der Ostsee nach Lübeck die kleine Bucht mit den vorgelagerten Schilfgürteln entdeckten, die ihnen als ideale und gut geschützte Zwischenstation diente. Aus der Zwischenstation wurde ein kleines Dorf mit rund 100 Einwohnern. Die Fischer wurden weniger und mit ihnen auch die Einwohnerzahl in Gothmund.

Es gibt aber auch Neubürger, die in die Siedlung an der Trave ziehen, weil es hier so herrlich ruhig und beschaulich ist. Doch es könnte noch viel beschaulicher sein, hätte nicht im Jahr 1893 ein verheerender Brand das halbe Dorf vernichtet. Nur im Ostteil ist die historische Bausubstanz erhalten geblieben. Und ganz so ruhig, wie man auf den ersten Blick vermuten mag, ist es in Gothmund auch nicht. Die Ruhestörung kommt vom Wasser her, von den wummernden Motoren der immer größer werdenden Schiffe auf dem Weg zu und von den Lübecker Stadthäfen. Die sind zwar nicht sonderlich laut, lassen jedoch die Häuser erschüttern und zuweilen die Gläser im Schrank klirren. Positiv gesehen gehört das wahrscheinlich einfach zum maritimen Flair im 21. Jahrhundert dazu. Und der Idylle Gothmunds können die Riesenpötte auch in Zukunft nichts anhaben. Hoffentlich.

Adresse 23568 Lübeck-Gothmund | **Anfahrt** Lübecker Altstadt durch das Burgtor verlassen, die Travemünder Allee (B75) nehmen, Ausfahrt B104 Richtung Rostock, dann links Richtung Israelsdorf, nach 350 Metern zweimal rechts abbiegen, Gothmunder Weg bis Gothmund folgen | **Tipp** Auch von der Trave aus hat man eine gute Sicht auf das Fischerdorf. Von der Lübecker Ober- und Untertrave starten Ausflugsschiffe, die – an Gothmund vorbei – nach Travemünde und zurück fahren.

71 Fischverarbeitung in Schlutup

Vom Fischerdorf zur Fischkonservenindustrie

Wie kommt der Fisch eigentlich in die Konserve? Im Lübecker Stadtteil Schlutup findet man hierauf Antworten. Denn hier hat die bekannteste, beliebteste und meistgekaufte Fischkonservenmarke Deutschlands ihren Sitz: Hawesta. Als Hans und Maria Westphal den Fischverarbeitungsbetrieb gründeten, hätten sie sich wohl kaum träumen lassen, dass 100 Jahre später 80 Tonnen Rohware, etwa 4.000 Liter Pflanzenöl und 4 Tonnen Tomatenmark verarbeitet werden würden, um 300.000 Fischkonserven herzustellen. Und zwar täglich.

Dass sich die Westphals mit ihrer Fabrik in Schlutup niederließen, kommt nicht von ungefähr. Das kleine, beschauliche Dorf ist seit jeher mit der Fischerei verbunden. Bereits im 15. Jahrhundert siedelten sich die ersten Fischer an der Trave an. Vor allem Heringe wurden aus dem Fluss gefischt. Schlutup gewann an Bedeutung, als Lübeck den Bewohnern des Dorfs die Fischrechte gewährte. 1795 existierten bereits 60 Fischereien; ab der zweiten Hälfte des 19. Jahrhunderts wurden erste Fischräuchereien betrieben.

Mit dem Einzug der Industrialisierung erfolgte die Fischverarbeitung schließlich in größerem Stil. Neben Hawesta gab es zwei Dutzend weitere Firmen, deren Geschäft sich direkt oder indirekt um Fisch drehte. Der Fischerkahn auf dem Kirchhof der St.-Andreas-Kirche erinnert an die erfolgreiche Zeit der Schlutuper Fischerei.

Bis in die 90er Jahre hielt das Wachstum an. Mit der aufkommenden Konkurrenz aus Mecklenburg-Vorpommern geriet Schlutups Fischindustrie nach der Wende jedoch in schwere See. Betriebe wurden verlagert oder mussten geschlossen werden. Der Verkauf Hawestas an die Rügen Fisch AG im Jahr 2009 war schmerzvoll und überlebenswichtig zugleich. Obwohl Arbeitsplätze abgebaut werden mussten, scheint der Verkauf an den finanzstarken Investor die Zukunft von Schlutups Fischindustrie langfristig zu sichern.

Adresse 23568 Lübeck-Schlutup | **Anfahrt** Lübecker Altstadt durch das Burgtor verlassen, die Travemünder Allee (B75) nehmen, Ausfahrt B104 Richtung Rostock/Schwerin, weiter auf Mecklenburger Straße nach Schlutup | **Tipp** Die Firma Hawesta bietet in der Fabrikstraße einen Kleinverkauf ihrer Produkte an, Öffnungszeiten: Di 8–12 Uhr, Do 8–15 Uhr.

72 Die Grenzdokumentations-Stätte

Erinnerungen an eine andere Zeit

Ein merkwürdiges Knattern und grelles Scheinwerferlicht – dann war er da: der erste Trabbi, der am Abend des 9. November 1989 die Schlutuper Grenze überquerte. Und er sollte nicht der einzige bleiben. In Schlutup war es erst einmal vorbei mit der Ruhe. Hunderte von Trabbis zwängten sich in den nächsten Tagen durch die Schlutuper Ortsdurchfahrt, um in den Westen zu gelangen.

Gut 20 Jahre später ist wieder Normalität in dem Lübecker Ortsteil eingekehrt, der massive Durchgangsverkehr auf Umgehungsstraße und Autobahnneubau verlagert. Dort, wo damals die Blechlawine an der nördlichsten innerdeutschen Grenze vorbeirollte, erinnert heute eine lang gestreckte Holzbaracke daran, dass hier einst das Ende der westlichen Welt lag. Die Grenzdokumentations-Stätte Lübeck-Schlutup zeigt in einer Fotoausstellung die Entwicklung des ehemaligen Grenzübergangs von der ersten Grundsteinlegung bis zur Wiedervereinigung und den ersten Begegnungen zwischen Ost und West. Die Schlutuper Bürger waren es selbst, die in einer privaten Initiative dafür sorgten, dass die Erinnerungen an eine andere Zeit für jüngere Generationen erhalten bleiben. 35 Fördervereinsmitglieder sammelten Spenden, zahlten Beiträge, legten selbst Hand an und konnten auf den Tag genau 15 Jahre nach der Grenzöffnung ihr Museum einweihen.

Und sie hätten sich keinen besseren Ort für die Grenzdokumentations-Stätte aussuchen können. In dem Flachdachbau befand sich zu DDR-Zeiten die westdeutsche Grenz- und Zollstation. Das Gebäude beherbergt heute einen Jugendtreff und das Grenzmuseum. Zur Authentizität der Ausstellung trägt insbesondere das ehemalige Arrestzimmer bei, das in seinem Originalzustand belassen wurde. Und wer Glück hat, trifft vielleicht auch einen ehemaligen Schlutuper Grenz- oder Zollbeamten, der sich hier auf Spurensuche begibt.

Adresse Mecklenburger Straße 12, 23568 Lübeck-Schlutup | Anfahrt Lübecker Altstadt durch das Burgtor verlassen, die Travemünder Allee (B75) nehmen, Ausfahrt B104 Richtung Rostock/Schwerin, weiter auf Mecklenburger Straße nach Schlutup, der Straße bis kurz vor den Ortsausgang folgen | Öffnungszeiten Fr, Sa 14–17 Uhr, So 11–17 Uhr | Tipp In Schlutup lohnt sich ein Gang durch den Ortskern des alten Fischerdorfs rund um die Kirche.

73__ Das Haus in der Lübecker Stadtmauer

Vom Wehr- zum Wohnturm

Bei der Gründung der mittelalterlichen Stadt Lübeck im 12. Jahrhundert wurde ein äußerst sicherer Standort gewählt: Der Hügel Bucu war durch die Flüsse Trave und Wakenitz auf zwei Seiten von Wasser umgeben. Zur weiteren Absicherung wurde im Norden des Stadtgebiets eine Burg errichtet und eine die gesamte Stadt umgebende Mauer mit vier Stadttoren angelegt. Aus der Burg wurde das Burgkloster, und von den Stadttoren sind heute noch das Burgtor im Norden und das Holstentor im Westen erhalten. Die beiden Stadttore am östlichen Rand der Altstadt, das Hüxtertor und das Mühlentor, wurden abgetragen. Dafür sind entlang der Straßen Wakenitzmauer und An der Mauer noch Teile der alten Stadtbefestigung erhalten geblieben.

Im 17. Jahrhundert bekam die Stadtmauer in diesem Bereich noch eine weitere Aufgabe: Sie diente nun nicht mehr ausschließlich der Stadtbefestigung, sondern wurde auch zu Wohnzwecken genutzt. Einige Bauherren senkten ihre Baukosten, indem sie ihre Häuser einfach an die Stadtmauer klebten und somit nur noch die drei anderen Außenwände errichten mussten. Ein besonders interessantes Exemplar findet man in der Straße An der Mauer in der Nähe des Altstadtbades Krähenteich. Da wurde ein Wohnhaus in einen ehemaligen Wehrturm gebaut. Der Halbturm, der im 13. Jahrhundert gemeinsam mit diesem Teil der Stadtmauer errichtet wurde, war zur Stadtseite hin geöffnet. 1670 wurden kleine Fachwerkhäuser an die Mauer angebaut und eines davon in den Halbturm integriert. Blickt man von Südwesten auf die drei Fachwerkhäuser, sieht man einfach eine geradlinige Front. Aus nordöstlicher Sicht offenbart sich dann die interessante Haus-in-Turm-Architektur. Von außen ist so ein kurioses Bild entstanden. Im Inneren dürften die Bewohner hauptsächlich mit der Frage zu kämpfen haben, wie man einen normalen Schrank oder ein Bild an eine gekrümmte Wand stellen beziehungsweise hängen kann.

Adresse An der Mauer 47, 23552 Lübeck-Innenstadt | **Anfahrt** vom Kohlmarkt die Sand-
straße und Mühlenstraße hinuntergehen, links in An der Mauer abbiegen | **Tipp** Ein Stück
weiter (Ecke Mühlenstraße) befindet sich die urige Musikkneipe »Im Alten Zolln«.

74 Die Kulturkirche St. Petri

Ein Gotteshaus nicht nur für Gläubige

Sieben Kirchtürme prägen die Silhouette der Lübecker Altstadt. Einer davon, der mit den vier kleinen Turmspitzen, gehört zu St. Petri. Diese Kirche ist aber keine gewöhnliche, die sonntags für Gottesdienste und ansonsten für Touristen geöffnet ist. St. Petri ist Kulturkirche, sie ist Universitätskirche, sie ist eine Kirche für die ganze Stadt. Und mit ihrer fünfschiffigen Kirchenhalle ist sie auch aus kirchenbaulicher Sicht eine echte Besonderheit.

1170 wurde St. Petri zum ersten Mal urkundlich erwähnt. In den folgenden Jahrzehnten wurde sie mehrfach umgebaut und erweitert, bis sie im 15. Jahrhundert ihre heutige Gestalt erhielt. Im Zweiten Weltkrieg verlor sie ihr Dach und den Turmhelm, außerdem brannte der Innenraum völlig aus. Erst 45 Jahre später wurde die Ruine wieder zu einem benutzbaren Gebäude. Die reiche Innenausstattung wurde nicht wiederhergestellt, da die Kirche nicht mehr für Gottesdienste genutzt werden sollte. Stattdessen wurde mit weißen Wänden und dem Verzicht auf feste Möblierung ein puristisches Raumerlebnis geschaffen, das viel Flexibilität für verschiedene Nutzungsmöglichkeiten bietet.

St. Petri verbindet Kirche mit zeitgenössischer Kultur. Hier finden Ausstellungen moderner Kunst, Lesungen, Vortragsreihen und Diskussionsabende statt.

Als Universitätskirche werden hier Promotionen und Examina mit einer kleinen Andacht gefeiert. Zur festen Institution ist der Kunsthandwerkermarkt in der Adventszeit geworden, der mit seinem ansprechenden Angebot und ruhigen Ambiente eine wohltuende Alternative zu den bunten Glühwein- und Bratwurstbuden der üblichen Weihnachtsmärkte ist. Für Touristen ist St. Petri übrigens schon allein wegen des Kirchturms ein Muss. Ein Fahrstuhl bringt die Besucher zur Aussichtsplattform auf 50 Meter Höhe, von wo aus man bei gutem Wetter sogar das Maritim-Hotel in Travemünde sehen kann.

Adresse Am Petrikirchhof 1, 23552 Lübeck-Innenstadt | **Anfahrt** vom Kohlmarkt in Richtung Holstenstraße gehen, links in Schüsselbuden, rechts auf den Petrikirchhof | **Öffnungszeiten** Kirche: März–Dez. Di–So 11–16 Uhr, Aussichtsturm täglich geöffnet: Okt.–März 10–19 Uhr, April–Sept. 9–21 Uhr | **Tipp** Jeden ersten Samstag im Monat finden um 23 Uhr die PetriVisionen statt. In vielstimmigen Themenabenden setzt sich Religion mit modernem Zeitgeist auseinander.

75 Der Luftschutzbunker am Mühlentor

Ein Gebäude in historischer Verkleidung

Zur mittelalterlichen Stadtbefestigung Lübecks gehörten einst vier Stadttore. Heute existieren davon nur noch zwei: das berühmte Holstentor und das am Nordrand der Altstadt gelegene Burgtor. Im Osten wurde Lübeck durch das Hüxtertor gesichert. Im Südosten hielt das Mühlentor ungebetene Gäste von der Stadt fern. Das Mühlentor war jedoch kein einzelnes Tor, sondern eine Befestigungsanlage, die aus drei hintereinandergelagerten Toren bestand.

Wer die Mühlenstraße hinuntergeht, kann im unteren Bereich drei Glaskästen entdecken, die Modellbauten der ehemaligen Mühlentore zeigen. Wer noch ein Stück weiter geht und die Mühlenbrücke überquert, nähert sich einem Turm, der den Rundtürmen im Modell des äußeren Mühlentors sehr ähnlich sieht. Man glaubt sofort, dass es sich dabei um einen Überrest der historischen Befestigungsanlage handelt. Doch das äußere Mühlentor wurde 1662 vollständig abgebrochen und durch stärkere Schutzwälle ersetzt. Der bestehende Turm am Mühlentorplatz ist weitaus jünger: Es handelt sich dabei um einen Luftschutzbunker aus dem Jahr 1936. Er wurde als Nachbildung einer der Rundtürme des Mühlentors erbaut und sollte ursprünglich dem Original entsprechende Terrakotta-Friese als Fassadenschmuck erhalten. Dieses Vorhaben wurde jedoch durch den Zweiten Weltkrieg unterbrochen, und der Turm blieb ohne Verzierung. Doch auch ohne schmückendes Beiwerk hebt sich dieser Bunker von der tristen, grauen Betonoptik ab, die für Luftschutztürme üblich war.

Nur einen Kilometer weiter nördlich befand sich beispielsweise ein solcher Betonklotz am unteren Ende der Hüxstraße. Der leer stehende Aalhof-Bunker wurde im Sommer 2010 abgerissen. Dieses Schicksal wird den Bunker am Mühlentorplatz nicht ereilen: Er wird seit mehreren Jahren gewerblich genutzt und wurde erst vor Kurzem umfassend saniert.

Adresse Mühlentorplatz 2, 23552 Lübeck-St. Jürgen | **Anfahrt** Lübecker Altstadt über die Mühlenstraße und Mühlenbrücke verlassen, der Bunker befindet sich am Kreisverkehr zwischen Mühlenbrücke und Kronsforder Allee | **Tipp** Gut 200 Meter westlich des Mühlentorplatzes, direkt am altstadtseitigen Kanalufer, befindet sich das Kaisertor – im Gegensatz zum Bunker tatsächlich ein ehemaliges Stadttor.

76__Die Unnerbüx

Ein Gang mit zwei Ausgängen

Wer in Lübeck hautnah die mittelalterliche Zeit erleben will, sollte unbedingt die Gängeviertel auf der Altstadtinsel gesehen haben. Bei den Gängen handelt es sich um Überreste aus dem mittelalterlichen Städtebau. Als Lübeck im 14. Jahrhundert zur »Königin der Hanse« emporstieg und immer mehr Menschen die Stadt bevölkerten, mussten die damaligen Stadtplaner kreativ sein. Die Altstadtinsel – umgeben von Wasser – konnte sich nicht weiter ausdehnen. Also wurden Gänge in die giebelseitigen Vorderhäuser der Gassen gebrochen und die Hinterhöfe mit sogenannten Buden bebaut. Dabei handelte es sich um meist zweistöckige Gebäude mit einem Grundriss von kaum mehr als zehn Quadratmetern. Sie dienten als Wohnräume für die Beschäftigten, die in den Straßenhäusern ihrem Gewerbe nachgingen. Eine wichtige Regel galt damals: Die Gänge mussten so breit gebaut werden, dass ein Sarg hindurchgetragen werden konnte.

Die ehemaligen Buden existieren heute nicht mehr, doch die Nachfolgebauten, die vor etwa 400 Jahren errichtet wurden, sind noch zahlreich vorhanden, auch weil es die Bürger selbst waren, die sich für den Erhalt und die Pflege der Gängeviertel in der Altstadt einsetzten. Somit verfügt die Hansestadt im Gegensatz zu vielen anderen Städten auch heute noch über eine eindrucksvolle Zahl an Gängen. Von ehemals 180 Gängen befinden sich heute noch etwa 90 auf der Altstadtinsel; die meisten sind für Besucher frei zugänglich, nur wenige sind gar nicht oder nur zu bestimmten Zeiten begehbar.

Einer der bekanntesten Lübecker Gänge ist der Durchgang zwischen Wahmstraße und Aegidienstraße. Er wird im Volksmund »Unnerbüx« genannt. Den Namen verdankt er der Tatsache, dass er einen Eingang, aber zwei Ausgänge hat – eben wie eine Unterhose.

Wie bei allen Gängen gilt auch hier für jeden Touristen: Kopf einziehen! Und nehmen Sie Rücksicht auf die Anwohner – verständlicherweise möchte sich niemand als Teil eines Freilichtmuseums fühlen.

Adresse Durchgang von der Wahmstraße 46 zur Aegidienstraße 47, 23552 Lübeck-Innen-
stadt | **Anfahrt** vom Kohlmarkt die Wahmstraße hinabgehen, bei der Hausnummer 46
rechts in den Gang hinein | **Öffnungszeiten** jederzeit frei zugänglich | **Tipp** Bei einer
historischen Kostümführung erfahren Sie alle Geheimnisse der Lübecker Gängeviertel.
Infos und Buchung: www.Stadtfuehrungen-Luebeck.de

77 Das Färberhaus

Erinnerung an die Fachwerkvergangenheit der Stadt

Lütjenburg ist ein beschauliches Städtchen in der Hohwachter Bucht. Das Stadtbild, dem nachgesagt wird, eines der schönsten und geschlossensten in Holstein zu sein, wird von roten Backsteinbauten dominiert.

Doch nur wenige hundert Jahre vorher sah es hier ganz anders aus. Die über 800 Jahre alte Stadt war nämlich einst ein wahres Fachwerkidyll, wie man es heute nur noch von Rothenburg ob der Tauber oder Celle kennt. Während die deutschen Städte den Großteil ihrer Fachwerkhäuser im Zweiten Weltkrieg verloren, musste Lütjenburg schon viel früher dran glauben. Drei verheerende Großbrände vernichteten die wunderschöne Fachwerksubstanz fast vollständig. Dem letzten Brand im Jahr 1826 fielen 52 Häuser zum Opfer.

Von den wenigen erhaltenen Fachwerkfassaden, die zum Teil von Klinker und Verputz überdeckt sind, sticht besonders eine hervor: die des Färberhauses. Das liebevoll restaurierte und sehr gepflegte Fachwerkhaus überstrahlt mit seinen Verzierungen den Marktplatz und vermittelt einen kleinen Eindruck davon, wie das Lütjenburg unserer Vorfahren ausgesehen haben mag.

Heute ist das 1576 erbaute Färberhaus das älteste Wohnhaus in Lütjenburg und daher leider nicht zu besichtigen. Damit zumindest ein kleiner Teil der Öffentlichkeit an wenigen Tagen im Jahr auch einen Einblick vom Inneren des Gebäudes erhalten kann, wird das Färberhaus vom Standesamt für Eheschließungen genutzt. Im gemütlichen Trauzimmer mit Kamin können sich Paare, die Wert auf ein historisches Flair legen, das Jawort geben.

Bei der Terminfestlegung sollten die Trauungswilligen allerdings entweder sehr schnell oder nicht allzu festgefahren sein: Es wird hier nämlich nur an einem Samstag im Monat getraut. Welcher Samstag das ist, entscheidet das erste Paar, das sich für den jeweiligen Monat anmeldet.

Adresse Markt 12, 24321 Lütjenburg | **Anfahrt** A1, Ausfahrt Oldenburg i. H.-Süd, B202 Richtung Kiel/Lütjenburg, rechts nach Lütjenburg, kurz danach links in die Oldenburger Straße, weiter auf die Niederstraße, rechts in die Oberstraße, rechts in die Teichtorstraße bis zum Markt | **Öffnungszeiten** Standesamt: Mo–Mi 8–12 Uhr, Do 15–17 Uhr, Fr 8–12 Uhr | **Tipp** Oberhalb der Stadt liegt der Bismarckturm, der eine schöne Aussicht auf Lütjenburg bietet.

78__ Der Ehrenfriedhof Cap Arcona

Wunderschöner Ort mit tragischer Geschichte

Wer an einem schönen Sommertag auf der Strandpromenade zwischen Neustadt und Pelzerhaken entlangschlendert und durch blühende Rosen und knochige Bäume auf die glitzernde Ostsee blickt, der wird denken: »Was für ein wundervoller Ort!«

Doch hier, nur wenige hundert Meter vor der Küste, hat sich eine der größten Tragödien des Zweiten Weltkriegs abgespielt. Der 1948 angelegte Ehrenfriedhof Cap Arcona ist zentrale Gedenkstätte und Mahnmal für diese Katastrophe und »zwingt« aufgrund seiner Lage an der Promenade zum Innehalten.

Die Cap Arcona, einst Luxusdampfer der Hamburg-Südamerika-Linie, wurde gegen Ende des Zweiten Weltkriegs vor allem als Flüchtlingsschiff eingesetzt. Als das Schiff 1945 mit Maschinenschaden vor Neustadt lag, beschlossen die Nazis, mehrere Tausend Gefangene aus dem sich in Auflösung befindlichen KZ Neuengamme bei Hamburg auf die Cap Arcona zu verlagern. Hunderte Menschen starben aufgrund der katastrophalen hygienischen Bedingungen an Bord. Doch die eigentliche Tragödie stand noch bevor.

Am 3. Mai 1945 flog die Royal Air Force einen Großangriff in der Lübecker Bucht. Da die Engländer offenbar davon ausgingen, dass sich auf der Cap Arcona Wehrmachts- und SS-Stäbe aufhielten, die sich in Richtung Norwegen absetzen wollten, wurde das Schiff in mehreren Angriffswellen von britischen Jagdbombern getroffen und in Brand gesteckt. Obwohl das Schiff nicht sank, sondern sich nur auf die Seite legte, starb ein Großteil der Häftlinge in der nur acht Grad kalten Ostsee. Nur 600 der 4.600 Häftlinge konnten sich retten.

Bis in die 1950er Jahre lag das ausgebrannte Wrack der Cap Arcona in der Lübecker Bucht. Nach und nach wurde der Schiffskörper verschrottet. Noch Jahre später wurden von Strandurlaubern Knochenteile der Opfer im Sand gefunden.

Adresse Strandpromenade/Am Kiebitzberg, 23730 Neustadt in Holstein | **Anfahrt** A1, Ausfahrt Neustadt i.H.–Mitte, Richtung Neustadt, im Stadtzentrum nach der Brücke rechts abbiegen, Straße Richtung Pelzerhaken folgen, rechts in den Sandberger Weg, rechts in Am Kiebitzberg, bis zur Promenade fahren, parken und ein paar hundert Meter nach rechts gehen | **Tipp** Das Museum Cap Arcona (Am Markt 1) zeigt Originalstücke aus dem Schiffswrack und informiert über Zusammenhänge der Katastrophe.

79__Der Pagodenspeicher
Vom Getreidespeicher zum Wahrzeichen der Stadt

Fernöstliche Baukultur an der Ostseeküste? Der chinesische Pavillon der Expo 2000, der hier Wiederverwendung gefunden hat? Weit gefehlt. Der Pagodenspeicher im ostholsteinischen Neustadt wurde bereits 1830 erbaut und bis ins 20. Jahrhundert als Getreidespeicher genutzt. Aus diesem Grund wird das riesige Walmdach durch drei umlaufende Reihen von Dachluken unterbrochen: Sie dienten als Lüftungsluken, um das Korn trocken zu halten. Gemeinsam mit zwei weiteren umlaufenden Absätzen wird das Dach in fünf Segmente unterteilt und erhält dadurch seine individuelle Optik, die an die Architektur buddhistischer Turmbauwerke erinnert.

Ob der Bauherr eine besondere Liebe zum Fernen Osten hatte oder der Architekt einen neuen Stil in der Getreidespeicherarchitektur entwickeln wollte, ist nicht überliefert. Ganz sicher hingegen ist, dass der Neustädter Kaufmann Adam Jansen einen Speicher mit möglichst gut belüfteten Trockenböden benötigte, da er das eingelagerte Getreide vor dessen Verschiffung möglichst lange haltbar machen wollte. Der Zimmermann Carl Friedrich Trahn lieferte ihm den ungewöhnlichen Entwurf, der den Kaufmann überzeugte.

Das Dach ist doppelt so hoch wie das Erdgeschoss und bietet somit viel Platz für die Trockenböden, die umlaufenden Luken sorgen für eine gute Belüftung. So erhielt Trahn den Zuschlag für seinen ersten Großauftrag, und das, obwohl er noch nicht einmal den Meistertitel besaß. Kein Wunder, dass dies bei den ortsansässigen Zimmermeistern nicht besonders gut ankam. Den Bewohnern und Touristen Neustadts gefiel das andersartige Gebäude dafür umso besser. Schnell wurde der Spitzname Pagodenspeicher zum feststehenden Begriff und das Gebäude, neben dem Kremper Tor, zum zweiten Wahrzeichen der Stadt. Heute befinden sich in dem denkmalgeschützten Bauwerk ein Café, Geschäfte, Büros und Arztpraxen.

Adresse Untere Querstraße 3, 23730 Neustadt in Holstein | **Anfahrt** A1, Ausfahrt Neu-
stadt i.H.-Mitte, Richtung Neustadt, im Stadtzentrum kurz vor der Brücke rechts parken,
der Pagodenspeicher befindet sich in Sichtweite am gegenüberliegenden Ufer | **Tipp** Im
Kremper Tor, dem anderen Wahrzeichen Neustadts, befindet sich das städtische Museum
»zeiTTor« mit seiner geologischen und kulturgeschichtlichen Ausstellung.

80___ Das Studio der Küstenwache

Zu Besuch auf der Albatros I

So manch eine Frau im entsprechenden Alter träumt wohl davon, einmal die Kajüte von Kapitän Holger Ehlers zu betreten und es sich in dessen Koje gemütlich zu machen. Wer sich dieses Erlebnis nicht entgehen lassen will, sollte dem Studio 1 in Neustadt einen Besuch abstatten. Denn hier ist lange Zeit die ZDF-Serie »Küstenwache« gedreht worden. Für die Innenaufnahmen wurde ein altes Fabrikgebäude zum Filmstudio umgebaut. Als die Crew der Küstenwache von der Albatros I auf die Albatros II umzog, musste auch ein neues Studio her. Seitdem werden im Studio 1 nur noch wenige Szenen gedreht, und dies auch nur wochentags.

Dadurch haben die Zuschauer der Serie – und das sind immerhin durchschnittlich fünf Millionen pro Folge – die Möglichkeit, am Wochenende einen Blick hinter die Kulissen zu werfen. Die Besucher können durch das ehemalige Filmschiff schlendern: auf die Brücke, in den Funkraum, durch die Kombüse und natürlich in die begehrte Kapitänskajüte. Außerdem gibt es Drehpläne, Drehbücher, Hintergrundinformationen und vielfältige Requisiten aus vergangenen und aktuellen Staffeln zu sehen.

Das Studio 1 wird der Öffentlichkeit durch den Fanclub Küstenwache e.V. zugänglich gemacht. Er öffnet die Räume in den Sommermonaten und organisiert die Studioführungen. Wer eine solche Führung mitmacht, stellt schnell fest, dass die Betreiber wirklich mit Herzblut dabei sind. Voller Euphorie kann zu beinahe jeder Requisite die zugehörige Geschichte erzählt werden, selbstverständlich mit exakter Benennung der ausgestrahlten Folge, in der das Utensil zum Einsatz kam.

Die Hoffnung, bei einem Besuch des Studios einem der Darsteller zu begegnen, muss leider in den meisten Fällen enttäuscht werden. Das Studio ist nur außerhalb der Drehzeiten geöffnet. Für die Erinnerungsfotos besonders eingefleischter Fans stehen Kapitän Ehlers und Co. aber als lebensgroße Pappkameraden bereit.

Adresse Werftstraße, 23730 Neustadt in Holstein | **Anfahrt** A1, Ausfahrt Neustadt i.H.-Mitte, Richtung Neustadt, vor der Brücke rechts parken, Am Hafen und weiter Am Hafensteig entlang bis zur Ecke Werftstraße gehen | **Öffnungszeiten** Juni–Aug. Fr, Sa 14–18 Uhr | **Tipp** Auf der gegenüberliegenden Hafenseite befindet sich der Neustädter Kunstkilometer. An der Promenade werden Skulpturen und Installationen von Künstlern aus Schleswig-Holstein gezeigt.

81 Der Niendorfer Hafen

Gemütlichkeit am kleinsten Hafen der Region

Das Ortsbild des kleinen Ostseebads Niendorf wird maßgeblich von seinem Fischereihafen bestimmt. Mitten im Ort, wo die Aalbek ins Meer mündet, liegt das Hafenbecken mit seinen Fischkuttern und Sportbooten. Gesäumt von Fischerbuden, wo der Tagesfang frisch verkauft wird, kann man beim Spaziergang am Hafen richtig maritimes Flair genießen.

Kaum vorstellbar, dass es hier vor 90 Jahren noch ganz anders ausgesehen hat. Bis ins 20. Jahrhundert hinein zogen die Fischer ihre Boote nämlich einfach auf den Strand, verkauften dort ihren Fisch und trockneten die Netze. Bei Sturm mussten die größeren Schiffe in den Travemünder Hafen ausweichen.

Durch das stärkere Touristenaufkommen drängten die Vertreter der Fremdenverkehrswirtschaft darauf, dass die Fischer den Strand räumen und fortan ausschließlich den Badegästen überlassen sollten. Im Gegenzug forderten die Fischer einen eigenen Hafen. 1920 wurde mit dem Bau der Anlage begonnen und das Hafenbecken neben dem Bett der Aalbek ausgegraben.

Obwohl der Hafen künstlich und erst so spät angelegt wurde, fügt er sich harmonisch ins Ortsbild ein. Als einer der kleinsten und jüngsten Ostseehäfen Schleswig-Holsteins ist er gleichzeitig sehr vielfältig: Neben den Berufsschiffern liegen hier die Sport- und Freizeitboote von zwei Segelvereinen. Außerdem starten von hier regelmäßig Ausflugsschiffe zu den Bädern in der Lübecker Bucht und bis nach Mecklenburg.

Auch an Land ist der Hafen als kulturelles Zentrum nicht mehr wegzudenken: Hier finden regelmäßig Veranstaltungen und Märkte statt, von denen die »Niendorfer Hafentage« im Sommer und »Fischers Wiehnacht« im Dezember die Highlights sind. Musikliebhaber kommen in der Evers Werft am südwestlichen Hafenrand auf ihre Kosten. In der Werfthalle finden jedes Jahr Konzerte des Schleswig-Holstein Musik Festivals statt.

Adresse Im Hafen, 23669 Niendorf | **Anfahrt** A1, Ausfahrt Ratekau, Richtung Niendorf/ Timmendorfer Strand, rechts auf B76 Richtung Niendorf, in Höhe des Vogelpark-Park- platzes links in Hafenstraße, rechts in Strandstraße | **Tipp** In Klüvers Hafenräucherei gibt es äußerst leckere Fischbrötchen auf die Hand.

82 Das Wallmuseum und der Wall

Ein archäologisches Denkmal mitten in der Stadt

Starigard – nicht etwa ein Ort aus der nordischen Mythologie oder eine Trabantenstadt im fernen Sibirien. Nein, Starigard hieß die einst bedeutendste slawische Siedlung auf der Halbinsel Wagrien. Aus Starigard, das übersetzt so viel wie »Alte Burg« heißt, wurde Aldinborg und später Oldenburg. Und auch heute noch ist der Ursprung der mittlerweile holsteinischen Stadt erkennbar: Keine 200 Meter vom Marktplatz entfernt weicht die Bebauung einer 220 Meter langen und 100 Meter breiten Grünfläche, die nahezu vollständig von einem bis zu 18 Meter hohen Wall umrandet ist. Inmitten dieser ringförmigen Anlage stand einst die Burg, die im 7. und 8. Jahrhundert als westlichster slawischer Fürstensitz errichtet wurde. Auch wenn Teile des Oldenburger Walls rekonstruiert wurden, ist er eines der bedeutendsten archäologischen Bodendenkmäler Schleswig-Holsteins. Mit seiner Lage inmitten der Stadt ist er in jedem Fall auch eines der beeindruckendsten.

Wenige hundert Meter vom Wall entfernt wird im Oldenburger Wallmuseum die Slawenzeit wieder lebendig. Viele Mitmachangebote, vom Schaukampftraining über Angeln und Jagen bis zum Brotbacken im Lehmkuppelofen, lassen den Besucher in den Alltag der Slawen eintauchen. Wer es lieber etwas ruhiger mag, schlendert durch das Freiluftmuseum oder besucht die verschiedenen Ausstellungen des Museums. Diese sind in mehreren historischen Bauernhäusern untergebracht, die aus der Region stammen und auf dem Gelände originalgetreu aufgebaut wurden. Hier werden unter anderem archäologische Funde aus dem mittelalterlichen Starigard gezeigt und die Geschichte der verschiedenen Völker dargestellt, die im Mittelalter um die bedeutsame Siedlung gekämpft haben. Am Ufer des Wallsees befindet sich außerdem eine Hafenanlage mit dem Nachbau eines Handelsschiffs aus dem Frühmittelalter.

Adresse Professor-Struve-Weg 1, 23758 Oldenburg in Holstein | **Anfahrt** A1, Ausfahrt Oldenburg i.H.-Nord, links in die Burgtorstraße, links in Langer Segen, rechts in den Professor-Struve-Weg | **Öffnungszeiten** April–Okt. Di–So 10–17 Uhr, Juli–Aug. täglich 10–18 Uhr | **Tipp** Die St. Johanniskirche, die sich südlich des Walls befindet, gilt als eine der ältesten Backsteinkirchen Nordeuropas.

83__ Gut Panker

Schlemmen, schlafen, schöne Dinge entdecken

Wenn man in Schleswig-Holstein auf dem Land unterwegs ist, könnte man meinen, dass sich hier ein Gutshof an den nächsten reiht. Tatsächlich ist hier die Kulturlandschaft in den vergangenen Jahrhunderten sehr stark vom reichen Landadel geprägt worden. Dieser hat seine Höfe zumeist mit eindrucksvollen Herrenhäusern geschmückt, die teilweise Schlossgröße erreichten. Eines der eindrucksvollsten und besterhaltenen Anwesen ist Gut Panker in der Hohwachter Bucht.

Vor über 500 Jahren erbaut, ging Gut Panker im Jahr 1739 vom alteingesessenen holsteinischen Adelsgeschlecht Rantzau in den Besitz des ehemaligen hessischen Fürstenhauses über, dessen Mitglieder das Herrenhaus noch heute bewohnen. 1947 wurde unter der Leitung von Landgraf Philipp von Hessen auf Gut Panker ein Gestüt zur Trakehnerzucht gegründet. Flüchtlinge brachten die Tiere nach dem Krieg über die zugefrorene Ostsee. Seitdem ist Gut Panker berühmt für die fürsorgliche, gewissenhafte Zucht dieser wertvollen und edlen Pferderasse.

Diese ist aber nicht der Grund, warum Woche für Woche Hunderte von Tagesausflüglern den Gutshof besuchen. Sie wollen in dem idyllischen Ambiente mit seinen gepflegten Bauernhäusern, dem eindrucksvollen Herrenhaus und der Blütenpracht im Park umherschlendern. Sie wollen hier Kunsthandwerk, Textildesign oder Wohnaccessoires kaufen oder einfach nur gemütlich und stilvoll schlemmen. Der Gutshof ist ein malerisches Dorf, in dem man das ganze Wochenende verbringen und immer wieder Neues entdecken kann. Wer etwas mehr Zeit mitbringt, kann hier sogar den »Führerschein« für Pferdegespanne machen. Und auch für die wirklich wichtigen Meilensteine im Leben ist Gut Panker ausgestattet: Es gibt eine Kapelle, in der Trauwillige sich das Jawort geben können, und einen Forst, in dem man unter 140 Jahre alten Buchen seine letzte Ruhestätte beziehen kann.

Adresse Gut Panker, 24321 Panker | **Anfahrt** B202 oder B430 nach Lütjenburg, von Kiel kommend Richtung Lütjenburg-West abfahren, in Lütjenburg links auf die Schönberger Straße, geradeaus bis Panker, von Oldenburg oder von Süden kommend der Beschilderung nach Schönberg folgen | **Tipp** Einen Besuch lohnt auch der Aussichtsturm »Hessenstein« auf dem Pilsberg. Dieser befindet sich 1,5 Kilometer vom Gut Panker entfernt und ist mit seinen 128 Metern einer der höchsten Punkte Schleswig-Holsteins.

84— Die Prinzeninsel mit Planetenpfad

Mal eben von der Sonne zu Neptun spazieren

Die Prinzeninsel am Nordufer des Großen Plöner Sees zieht sich als lang gestreckte schmale Halbinsel weit nach Süden in den See hinein, der auf diese Weise in einen westlichen und östlichen Bereich unterteilt wird. Dies ist jedoch erst seit dem 19. Jahrhundert so, als der Wasserspiegel künstlich abgesenkt wurde und so aus der Prinzeninsel eine Landzunge wurde. Mittlerweile ist fast die gesamte Halbinsel dicht bewaldet, und nur die sumpfigen Bereiche in Ufernähe geben einen Hinweis darauf, wie dieses Stück Land gewonnen wurde. Ihren Namen hat die damalige Insel erhalten, weil die Söhne des letzten deutschen Kaisers, Wilhelms II., hier zum Teil ihre Ausbildung erhielten. Im »Niedersächsischen Bauernhaus«, das heute als Gastwirtschaft dient, wurden ihnen die Grundbegriffe der Landwirtschaft beigebracht. Ihre Mutter Kaiserin Auguste Viktoria verweilte währenddessen an der Südspitze der Insel, ihrem Lieblingsplatz.

Dort, wo einst Auguste saß, steht heute Neptun. Genauer gesagt eine Informationstafel mit einem Modell des achten Planeten unseres Sonnensystems. Die Prinzeninsel ist nämlich Teil des im Jahr 2008 eröffneten Planetenpfades. Auf 2,7 Kilometern Länge werden die Distanzen der Planeten unseres Sonnensystems im Maßstab von eins zu zwei Milliarden dargestellt. Das Modell der Sonne befindet sich auf der Plöner Marktbrücke im Stadtzentrum. Von hier aus erwandert man in südwestlicher Richtung Merkur, Venus, Erde mit Mond, Mars, Jupiter, Saturn, Uranus und Neptun, die alle in maßstabsgetreuer Entfernung zur Sonne aufgestellt sind. Manch einer wird an dieser Stelle den neunten Planeten Pluto vermissen, doch seit der Neudefinition des Begriffs »Planet« durch die Internationale Astronomische Union ist Pluto nur noch ein Zwergplanet von vielen und wird somit nicht mehr mitgezählt. Außerdem ist er so weit von der Sonne entfernt, dass sein Modell mitten im Plöner See hätte aufgestellt werden müssen.

Adresse 24306 Plön | **Anfahrt** B76 bis Plön, auf B430 Richtung Hamburg/Plöner Schloss, links zur Prinzeninsel abbiegen | **Tipp** Vom Schiffsanleger bei Neptun kann man zur 5-Seen-Fahrt oder der Großen-Plöner-See-Rundfahrt aufbrechen.

85 Plöner Schloss und Prinzenhaus

Wo Herzöge und Kaiserkinder hausten

Egal, aus welcher Richtung man nach Plön fährt: Das weiße Schloss, das über der Stadt thront, ist schon von Weitem sichtbar. Zunächst gab es hier seit dem 12. Jahrhundert eine Burg. Das heutige Schloss wurde 1632 unter Herzog Joachim Ernst von Schleswig-Holstein-Plön gebaut, der die bestehende Burganlage abreißen ließ.

Auch wenn das Plöner Schloss eines der größten in Schleswig-Holstein ist und Residenz der herzoglichen Familie war, hatte es keine große landespolitische Bedeutung. Es entwickelte sich jedoch zu einem kulturellen Zentrum. Der Herzog legte hier eine Bibliothek an, die später auf 10.000 Exemplare anwuchs. Außerdem sammelte der an Physik und Optik interessierte Hausherr verschiedene optische Geräte und Messinstrumente. Und damit schließt sich der Kreis zum 21. Jahrhundert: Seit der letzten Sanierung, die im Jahr 2006 abgeschlossen wurde, befindet sich im Schloss eine Akademie des Augenoptikerhandwerks. Ein großer deutscher Optiker, der durch seine Nulltarifgläser bekannt ist, kaufte das vom Verfall bedrohte Schloss im Jahr 2002 für 3,5 Millionen Euro – und steckte ein Zehnfaches an Sanierungskosten hinein. Natürlich gab's öffentliche Fördermittel dazu. Dafür ist ein Teil des Schlosses jetzt wieder für Besucher zugänglich.

Gänzlich für die Öffentlichkeit geöffnet ist hingegen das Prinzenhaus, das im 18. Jahrhundert als Gartenschlösschen errichtet wurde. Führungen durch die Rokokosäle, Konzerte und eine Dauerausstellung laden Interessierte ins Prinzenhaus ein. Diesen Namen erhielt das Lustschloss zum Ende des 19. Jahrhunderts, als Kaiser Wilhelm II. seine Söhne hierher schickte. Sie sollten in Plön ihre Ausbildung erhalten. Damit der Kaiser es möglichst bequem hatte, wenn er seine Jungen besuchen wollte, stieg er nicht am Plöner Bahnhof aus, sondern fuhr bis zum sogenannten Prinzenbahnhof, der eigens dafür beim Schloss gebaut wurde.

Adresse Schlossberg und Schlossgebiet, 24306 Plön | **Anfahrt** B76 bis Plön, auf B430 Richtung Hamburg/Plöner Schloss abbiegen | **Öffnungszeiten** kostenlose Führungen im Schloss nur nach Anmeldung (Tel. 04522/8010), Führungen im Prinzenhaus bei der Touristinformation erfragen (Tel. 04522/50950) | **Tipp** Im nahe gelegenen Witwenpalais (Johannisstraße 1) befindet sich das Museum des Kreises Plön.

86 Der Leuchtturm Falshöft

Die klassische Schönheit

Im Jahr 2010 ist er 100 Jahre alt geworden – der wohl schönste Leuchtturm an der Ostseeküste. Nun ist ein Begriff wie »schön« relativ und liegt immer im Auge des Betrachters. Auf jeden Fall entspricht der Leuchtturm Falshöft der klassischen Vorstellung eines Leuchtturms. Der 25 Meter hohe, gusseiserne Turm ist rot-weiß gestreift, wird nach oben hin schmaler und hat zwei umlaufende Galerien. Solche Leuchttürme findet man eher an der Nordsee. An der Ostseeküste ist das Falshöfter Exemplar das einzige in dieser Gestalt. Kein Wunder, dass Wayne Carpendale als Landarzt im ZDF gern vor dieser Kulisse gefilmt wird, während er, in ernsthafte Gespräche vertieft, am Strand entlanggeht. Der Leuchtturm ziert auch eine Sonderbriefmarke der Deutschen Post. Sie wurde pünktlich zum 100. Geburtstag herausgegeben.

92 Jahre lang leistete der Leuchtturm Falshöft seine Dienste für die Seefahrt. Als Quermarken- und Orientierungsfeuer markierte er die Einfahrt in die Flensburger Förde und wies auf Untiefen vor der Küste hin. Da mittlerweile Satellitennavigation die Funktion vieler Leuchttürme überflüssig macht, wurde 2002 das Feuer des Leuchtturms Falshöft gelöscht. Zumindest vorübergehend. Die Mitglieder des für den Leuchtturm zuständigen Fördervereins erleuchteten im Sommer 2005 den Lampenraum. Allerdings nur für das Festland. Zur Seeseite hin wurde der Lampenraum verdunkelt. Und dennoch gab es zwei Kapitäne, die sich trotz moderner Navigationstechnik von dem Licht irritieren ließen, woraufhin die Laterne wieder ausgeschaltet wurde. So unbedeutend scheinen die guten alten Leuchtfeuer also offensichtlich doch noch nicht zu sein.

Nun strahlt die Lampe mit weitaus geringerer Wattzahl und erleuchtet das Bauwerk für die Besucher. Dabei handelt es sich meist um heiratswillige Paare, die sich im Laternenraum trauen lassen. Oder um Besucher des ganz neu eingerichteten Museums im Leuchtturm.

Adresse Sibbeskjär/Seehof, 24395 Pommerby | **Anfahrt** B199 nach Gelting, nach Pommerby/Kronsgaard abbiegen, gleich hinter dem Ortsende von Pommerby links nach Nieby, 3. Abfahrt rechts, Beschilderung zum Leuchtturm Falshöft folgen | **Öffnungszeiten** Besichtigungen bei Siegfried Issel vereinbaren, Tel. 04643/186990, oder über Tourist-Information Gelting, Tel. 04643/777 | **Tipp** In Falshöft befindet sich die Integrierte Naturschutzstation für die Geltinger Birk. Hier gibt es Informationsmaterial und eine Ausstellung zum Naturschutzgebiet.

87___ Die Holzschuhmacherstadt
Der letzte Vertreter einer großen Zunft

»In Preetz, da steht een Kloster, all Nees lang wohnt een Schoster«, sagte einst der Volksmund über die Kleinstadt südlich von Kiel. Denn 1850 lebten in Preetz rund 4.600 Einwohner, von denen fast 700 im Schuhmacherhandwerk tätig waren, darunter 160 selbstständige Schuhmachermeister, der Rest waren Gesellen und Lehrlinge. Kein Wunder, dass sich die Preetzer noch heute an diese Tradition erinnern und ihrer Stadt den Beinamen Schusterstadt gegeben haben.

Dass das Preetzer Kloster in diesem Spruch genannt wird, liegt zweifelsohne daran, dass es sich so herrlich passend auf »Schoster« reimt. Aber der Zusammenhang zwischen dem Benediktinerinnenkonvent und dem Schuhmacherhandwerk war weitaus größer. Durch die Viehhaltung und Forstwirtschaft des Klosters standen Leder und Holz, die wichtigsten Rohstoffe für die Schuhherstellung, in ausreichender Menge zur Verfügung. Der überwiegende Großteil der in Preetz gefertigten Schuhe waren nämlich Holzschuhe. Sie wurden überwiegend von armen Leuten getragen oder waren Teil der Berufsbekleidung, zum Beispiel beim Torfstechen, in der Landwirtschaft oder auf den Werften.

Heute gibt es nur noch einen Holzschuhmacher in Preetz – er ist gleichzeitig einer der letzten in ganz Norddeutschland. 1846 wurde der Holzschuhmacherbetrieb der Familie Hamann gegründet, der heute in der fünften Generation von Lorenz Hamann betrieben wird. In seiner Werkstatt befindet sich auch das Preetzer Holzschuhmuseum. Hier kann man nicht nur dem Meister bei der Holzschuhproduktion über die Schulter schauen, sondern auch mehr als 2.000 Paar historische und moderne Holzschuhe bestaunen. Vom Angeliter Fischerholzschuh bis zum festlich verzierten Hochzeitspantoffel. 2008 bewältigte Lorenz Hamann seine wohl größte Herausforderung als Holzschuhmacher: Er fertigte einen überdimensionalen Holzschuh an, der seitdem auf dem Preetzer Marktplatz an die große Handwerkstradition der Stadt erinnert.

Adresse Wakendorfer Straße 17, 24211 Preetz | **Anfahrt** B76 nach Preetz, von Kiel kommend die 2. Abfahrt, von Plön kommend die 1. Abfahrt nach Preetz, links auf die Wakendorfer Straße Richtung Preetzer Innenstadt | **Öffnungszeiten** Mo–Sa 9–13 Uhr | **Tipp** Preetz ist der Mittelpunkt der »Schusteracht«, einem 64 Kilometer langen Rad- und Wanderweg durch die Region.

88 Der Ruppersdorfer See

Das wehrhafte Gewässer

Im Norden des Gemeindegebiets von Ratekau liegt der kleine Ruppersdorfer See. Doch das war nicht immer so. Der See verlandete bis zum 19. Jahrhundert immer mehr und schrumpfte auf eine Wasserfläche von 45 Hektar. Per Amtsbeschluss wurde der See im Jahr 1877 dann endgültig trockengelegt. Auslöser für diesen Schritt sollen Streitereien zwischen den Fischern gewesen sein. Ein weiterer Grund war sicherlich auch, dass man die dadurch gewonnene Grünfläche landwirtschaftlich nutzen konnte.

Der See wehrte sich aber gegen diese »Zwangstrockenlegung«. Bei starken Regenfällen tauchte er immer wieder auf. Und glücklicherweise gibt es in Ratekau genug Menschen, denen der Naturschutz am Herzen liegt. Die Gemeinde kaufte in den 1980er Jahren die landwirtschaftlichen Flächen auf und stellte die Entwässerungsmaßnahmen ein.

Der See durfte wieder See sein. In dem neuen alten See war und ist das Fischen strengstens verboten. Nicht nur, um ein erneutes Aufkommen von Streitigkeiten zu verhindern, sondern auch, weil der See zum Naturschutzgebiet erklärt wurde. Denn mit dem See kamen die Vögel. Hunderte, nein, Tausende von ihnen nutzen den Ruppersdorfer See im Herbst als Rastplatz. Sogar der Seeadler, der größte Greifvogel Nordeuropas, ist hier zu Hause. Auf der kleinen Insel, die aus dem See herausragt, befand sich übrigens eine Turmhügelburg aus dem 12./13. Jahrhundert.

Aus demselben Zeitalter stammt auch die hübsche und frisch sanierte Vicelinkirche, die man vom See aus sehen kann. Sie ist eine der besterhaltenen Feldsteinkirchen in Ostholstein. Der Baubeginn wird auf 1156 datiert, und so wurde die einschiffige Saalkirche im Stil der Romanik errichtet. Ihren Namen verdankt sie dem Slawenmissionar Vicelin, der nach der Eroberung der Halbinsel Wagrien durch die Holsten die Christianisierung in der Region vorantrieb. Auf ihn soll die Gründung der Kirche zurückgehen.

Adresse Bahnhofstraße, 23626 Ratekau | **Anfahrt** A1, Ausfahrt Ratekau, auf die Bäderstraße Richtung Ratekau abbiegen, nach der Unterführung am Ortseingang gleich rechts in die Bahnhofstraße zum See abbiegen | **Tipp** In der alten Rauchkate (Hauptstraße 56 b) wurde ein kleines Dorfmuseum eingerichtet, das immer sonntags und an den meisten Feiertagen geöffnet ist. Im Sommer ist besonders der duftende Museumsgarten einen Besuch wert, der jederzeit frei zugänglich ist.

89 Ratzeburger Dom und Herrenhaus

Eine Exklave inmitten der Stadt

Die Domstadt Ratzeburg trägt auch den Beinamen »Inselstadt«. Denn die Altstadt wird vom Ratzeburger See, dem Domsee und dem Kellersee umgeben und ist nur durch drei Dämme mit dem Rest des Stadtgebiets verbunden. Der Ratzeburger Dom befindet sich an der Nordspitze der Insel und war einst nicht nur von Wasser, sondern auch von fremdem Territorium umgeben. Der Domhof war nämlich 300 Jahre lang eine Exklave des Herzogtums Mecklenburg inmitten der zum Herzogtum Sachsen-Lauenburg gehörenden Stadt Ratzeburg.

Der Dom wurde 1160 am höchsten Punkt der Altstadtinsel erbaut und ist einer der vier sogenannten Löwendome. Denn genau wie die Domkirchen in Lübeck, Schwerin und Braunschweig wurde der Ratzeburger Dom von Heinrich dem Löwen, Herzog von Sachsen und Bayern, gestiftet. Durch den Westfälischen Frieden im Jahr 1648 wurde das Hochstift Ratzeburg säkularisiert und ging im Fürstentum Ratzeburg auf. Gleichzeitig wurde das Fürstentum Ratzeburg durch die Friedensverträge dem mecklenburgischen Herzog zugesprochen. Die Stadt Ratzeburg gehörte jedoch nicht zu diesem Gebiet, sondern nur der Dom mit dem Domhof.

Damit der Herzog standesgemäß residieren konnte, wenn er seine Exklave besuchte, wurde im Jahr 1660 neben dem Dom ein kleines Lustschloss errichtet. Gut 100 Jahre später wurde das baufällige Gebäude abgerissen und durch das heutige Herrenhaus ersetzt. Es sollte die Sommerresidenz der Herzöge von Mecklenburg-Strelitz werden. Der Bau aus dem Spätbarock wurde fünfmal teurer als geplant, Bauherr Adolf Friedrich IV. hat ihn jedoch kein einziges Mal besucht. Stattdessen residierten hier die herzoglichen Verwalter und später die Dompröbste. Seit 1973 ist im Herrenhaus das Kreismuseum beheimatet. Hier kann man in die ältere und jüngere Geschichte der Stadt und des Herzogtums Lauenburg eintauchen.

Adresse Domhof, 23909 Ratzeburg | **Anfahrt** B207 bis Ratzeburg, auf B208 Richtung Ratzeburg/Schwerin abbiegen, auf der Altstadtinsel links auf die Domstraße abbiegen, weiter auf den Domhof | **Öffnungszeiten** Dom Mai–Sept. täglich 10–18 Uhr, Okt.–April Di–So 10–16 Uhr, Kreismuseum Di–So 10–13 und 14–17 Uhr | **Tipp** Vom Domsee aus hat man einen schönen Blick auf Dom und Herrenhaus. Wenn man die Altstadt über den Königsdamm verlässt, befindet sich linker Hand ein Kanu- und Bootsverleih.

90__Die Ruderakademie

Geburtsstätte des legendären Deutschland-Achters

Ruderboote gehören zu den ältesten Fortbewegungsmitteln der Menschheit. Schon in der Antike wurde gerudert – damals meistens eher unfreiwillig auf Galeeren. Im 18. Jahrhundert wurde das Rudern zur Sportart, als in England die ersten Wettkämpfe ausgetragen wurden. 1843 fand die erste deutsche Ruderregatta in Hamburg und 1900 der erste Ruderwettbewerb bei Olympischen Spielen statt. Erst 53 Jahre später wurde der Ratzeburger Ruderclub gegründet, doch sein Mitbegründer Karl Adam sollte den Sport revolutionieren und Ratzeburg zum internationalen Ruder-Mekka aufsteigen lassen.

Karl Adam kam 1948 nach Ratzeburg und betreute als Physik- und Sportlehrer an der Lauenburgischen Gelehrtenschule auch die dortige Ruderriege. Adam, der selbst nie aktiv gerudert ist, nutzte seine Physikkenntnisse, um Ruderblätter und Boote zu optimieren. Außerdem führte er neue Trainingsmethoden ein wie das Intervalltraining. Schnell stellten sich die ersten Erfolge ein. Wenige Jahre später schrieben die Ratzeburger Geschichte im Rudersport: 1959 gewann der »Ratze-Kieler-Achter« – er wurde so genannt, weil er mit Ruderern aus Ratzeburg und Kiel besetzt war – die Europameisterschaft im französischen Mâcon in neuer Rekordzeit und mit 50 Metern Vorsprung. Damit begann die Geschichte des legendären Deutschland-Achters, der sich im folgenden Jahr die olympische Goldmedaille in Rom sicherte. Es folgten vier Europa- und zwei Weltmeistertitel sowie erneutes olympisches Gold 1968.

Die Ruderwelt blickte plötzlich auf Ratzeburg, das bis dato in dieser Hinsicht völlig unbedeutend gewesen war. Es war Adams Wunsch, dass seine neuen Techniken weltweite Verbreitung fanden. Und so kamen Trainer aus allen bedeutenden Rudernationen nach Ratzeburg, um Adams Konzept aus erster Hand kennenzulernen.

1966 wurde unter Karl Adam die Ratzeburger Ruderakademie, Olympiastützpunkt und Leistungszentrum des Deutschen Ruderverbands, gegründet.

Adresse Domhof 37, 23909 Ratzeburg | **Anfahrt** von Norden und Süden über B207 anreisen, auf B208 Richtung Ratzeburg abbiegen, nach Überquerung des Lüneburger Damms zwischen Küchensee und Ratzeburger See nach links in die Straße Demolierung einbiegen, die in die Reeperbahn übergeht, linker Hand befindet sich ein Parkplatz, der an die Ruderakademie angrenzt | **Tipp** Wer sich selbst einmal im Rudern versuchen möchte, kann im Ratzeburger Ruderclub (Kastanienallee 5) einen Schnupperkurs belegen.

91 Die Zollstation Rothenhusen

Wo Ost und West auch im 21. Jahrhundert geteilt waren

Dass Lübeck sich im Spätmittelalter zur Königin der Hanse entwickelt hat, lag nicht nur an der verkehrsgünstigen Lage nahe der Ostsee, sondern auch an klugen Entscheidungen, die die Stadtoberen im 13. Jahrhundert getroffen haben. So sicherten sie sich die Rechte am rund 20 Kilometer nördlich von Lübeck gelegenen Ostseehafen Travemünde, das 1329 vollständig in den Besitz der Hansestadt überging. Und auch in Richtung Süden handelten die Lübecker strategisch: 1274 kauften sie eine bei Rothenhusen gelegene Insel, die direkt am Austritt der Wakenitz aus dem Ratzeburger See liegt. Die rund zehn Kilometer von der mittelalterlichen Stadtgrenze Lübecks entfernte Insel wurde 1595 durch ein Blockhaus befestigt und sollte die Wakenitzeinfahrt gegen Angriffe aus dem Süden absichern. Als erfreulicher Nebeneffekt konnten an dieser Stelle auch ein Zollhaus eingerichtet und das Stadtsäckel noch ein bisschen praller gefüllt werden.

Da die Wakenitz und der nördliche Teil des Ratzeburger Sees 45 Jahre lang die innerdeutsche Grenze markierten, war Rothenhusen nur einen Steinwurf von der DDR entfernt. Nördlich der Insel führte eine Holzbrücke über die Wakenitz, die nach der Wiedervereinigung erneut eine Verbindung zwischen Ost und West ermöglichte. Da die Holzbrücke aus dem Jahr 1927 jedoch nur eine geringe Tragfähigkeit besaß, musste eine neue Betonbrücke her. So wurde die alte Brücke 2008 abgerissen und die alten Verhältnisse vorübergehend wiederhergestellt: Zwischen Rothenhusen im Westen und dem gut einen Kilometer entfernten Utecht im Osten gab es keine Verbindung mehr.

Kurz vor Wiedereröffnung der Brücke wurde die Geduld der Bewohner im ehemaligen Grenzgebiet noch einmal auf die Probe gestellt. Zwei Wochen vor Fertigstellung der neuen Betonbrücke wurde der Bau auf Antrag des BUND gestoppt. Somit verschob sich die Eröffnung um zwei weitere Wochen. Doch wer fast ein halbes Jahrhundert gewartet hat, kann über zwei Wochen nur müde lächeln.

Adresse 23627 Groß Sarau/Rothenhusen | **Anfahrt** A20, Ausfahrt Groß Sarau, B207 Richtung Ratzeburg, nach gut 500 Metern links abbiegen, kurz vor der Wakenitzbrücke rechts auf dem Parkplatz halten und den Weg zum Fährhaus Rothenhusen gehen, Gäste können den hauseigenen Parkplatz direkt am Fährhaus nutzen | **Öffnungszeiten** Insel nur zu Öffnungszeiten der Gaststätte zugänglich, die Aussicht kann jederzeit auch vom »Festland« aus genossen werden | **Tipp** Von Lübeck mit einem Ausflugsschiff in knapp zwei Stunden auf der Wakenitz nach Rothenhusen fahren und die eindrucksvolle Natur am »Amazonas des Nordens« bestaunen.

92 Die Fischersiedlung Holm

Eine idyllische Insel inmitten der Stadt

Wenn man die Schleswiger Altstadt in südöstlicher Richtung verlässt, um an der Schlei entlangzuwandern, taucht man plötzlich in eine andere Welt ein. Direkt am Ufer reihen sich die kleinen Häuschen des ehemaligen Fischerdorfs Holm aneinander. Der Name »Holm« bedeutet auf Dänisch »kleine Insel«, und auf genau einer solchen befand sich die Siedlung zu ihrer Gründungszeit etwa im Jahr 1000 n. Chr. Erst im vergangenen Jahrhundert wurde eine Landverbindung geschaffen.

In den kleinen malerischen Häuschen, die teilweise noch aus dem 12. Jahrhundert stammen, lebten seinerzeit ausschließlich Fischer, die ihre Boote direkt im eigenen Garten anlanden konnten.

Mittlerweile ist das Holmer Noor, eine einst schiffbare Ausbuchtung der Schlei, verlandet und der Holm keine Insel mehr, sondern ein Teil der Schleswiger Innenstadt. Durch ihre charakteristische Bebauung ist die ehemalige Siedlung jedoch immer noch sehr gut abgrenzbar. Die Häuschen mit den Holzsprossenfenstern und den Rosenstöcken neben den Eingangstüren gruppieren sich ringförmig um den Friedhof mit der kleinen weißen Kapelle in der Mitte. Und so wie der Friedhof das Zentrum des Orts darstellt, ist die Holmer Beliebung, eine 1650 gegründete Totengilde, der zentrale Verein des ehemaligen Dorfs. In Zeiten von Pest und Cholera sicherte die Beliebung ihren Mitgliedern ein ehrbares, christliches und gleichzeitig kostenloses Begräbnis zu. Die Vereinigung hat bis heute ihren festen Platz im bürgerschaftlichen Leben des Holms. Es werden Festbälle, Kinderveranstaltungen und Kaffeetafeln organisiert, und die Mitglieder sichern sich generationsübergreifend nachbarschaftliche Hilfe und Unterstützung zu. Gemäß dieser Philosophie ist auch der Friedhof, auf dem ausschließlich Mitglieder der Beliebung bestattet werden, viel mehr als ein Ort der Stille und der Toten. Spielende Kinder und klönende Erwachsene treffen sich am Friedhofszaun und rücken ihn in den Mittelpunkt des Lebens.

Adresse Süderholmstraße, 24837 Schleswig | **Anfahrt** A7, Ausfahrt Schleswig-Jagel, B77 Richtung Schleswig, weiter auf B76 Richtung Flensburg, Abfahrt Richtung Schleswig-Zentrum, über Gottorfer Damm weiter auf Schleistraße und Domziegelhof bis auf Königstraße, rechts in Plessenstraße, weiter auf Am Hafen und Knut-Laward-Straße, rechts in die Süderholmstraße | **Tipp** Ein Stück weiter stadtauswärts befindet sich das St.-Johannis-Kloster vor Schleswig. Es ist die besterhaltene mittelalterliche Klosteranlage des Landes und besitzt einen schönen, frei zugänglichen Garten.

93__Das Globushaus

Replik des ersten Planetariums der Welt

Mit seinen 24.000 Einwohnern ist Schleswig keine besonders große Stadt, hat aber dennoch ein paar bedeutende Sehenswürdigkeiten wie den Dom oder das Schloss Gottorf vorzuweisen. Seit wenigen Jahren ist Schleswig um eine weitere international beachtete Attraktion reicher. Im Mai 2005 wurde im Barockgarten von Schloss Gottorf das Globushaus eröffnet. Es beherbergt einen originalgetreuen Nachbau des Gottorfer Globus, der im 17. Jahrhundert errichtet wurde und an dieser Stelle in einem Vorgängerbau seinen Platz fand. Das Besondere des Gottorfer Globus war nicht nur seine Größe von über drei Metern, sondern auch die Möglichkeit, in den Globus hineinzusteigen. Während die Außenseite der Kugel den Erdball abbildete, konnte man im Inneren die Gestirne des Himmels betrachten. Der Gottorfer Globus war somit das erste Planetarium der Welt. Auch Zar Peter der Große fand Gefallen an diesem einzigartigen Bauwerk und ließ es 1713 – während des Großen Nordischen Kriegs – nach St. Petersburg transportieren. Der Globus ist dort heute noch zu sehen, die Originalbemalung wurde jedoch durch einen Brand zerstört.

Nun hat Schleswig wieder einen Globus aus einer modernen Chrom-Nickel-Stahl-Konstruktion, aber mit originalgetreuer Bemalung aus dem frühen 17. Jahrhundert – außen wie innen. Die Besucher erhalten somit nicht nur einen kartografischen Eindruck von der damals bekannten Welt, sondern können im Inneren auch den Sternenhimmel sehen, wie er damals auf der Nordhalbkugel sichtbar war.

Bis zu zwölf Personen können gleichzeitig im Globus mitfahren, der in acht Minuten eine Erdumdrehung simuliert. Um den Besucherandrang zu steuern und den Aufenthalt im Globushaus in einer ruhigen Atmosphäre zu ermöglichen, erhalten pro Stunde nur 25 Besucher gleichzeitig Einlass. So wird der Aufenthalt zu einem exklusiven Erlebnis – genau passend zu diesem einzigartigen Ort.

Adresse Schloss Gottorf, 24837 Schleswig | **Anfahrt** A7, Ausfahrt Schleswig-Jagel, B77
Richtung Schleswig, weiter auf B76 Richtung Flensburg, Abfahrt Richtung Schleswig-
Zentrum, Beschilderung Landesmuseen folgen, vom Schloss Gottorf über den Gottorfer
Gartenpfad zum Globushaus gehen | **Öffnungszeiten** April–Okt. täglich 10–18 Uhr,
letzter Einlass um 17 Uhr, Kartenvorbestellung empfehlenswert: Tel. 04621/813222 | **Tipp**
Der Gottorfer Gartenpfad führt weiter zum Volkskunde Museum, das die Alltagskultur der
letzten 200 Jahre zeigt und einen idyllischen Museumsgarten besitzt.

94_ Haithabu
Die erste Stadt Nordeuropas

Nahe der Stadt Schleswig, direkt am Haddebyer Noor, einer ehemaligen Ausbuchtung der Schlei, lag vor über 1.000 Jahren der Nabel Nordeuropas. Die Rede ist von der Wikingersiedlung Haithabu. Nachdem der dänische König im 9. Jahrhundert die Kontrolle über den friesischen Handelsplatz übernahm, entwickelte sich Haithabu schnell zu einem der bedeutendsten Seehandelszentren und zu einer der ersten Städte Nordeuropas. Maßgeblicher Grund dafür war die besondere Lage des Ortes an der Kreuzung der wichtigsten Fernhandelswege. Nahezu der gesamte Warenumschlag zwischen Nord- und Ostsee lief über Haithabu, denn von der Hafenstadt am Ostseefjord Schlei waren nur 18 Kilometer Landweg zu überwinden, um über die Flüsse Treene und Eider in die Nordsee zu gelangen. Die 1.500-Einwohner-Stadt war sogar im arabischen Raum bekannt.

In Luftaufnahmen kann man heute noch sehr gut den Verlauf des halbrunden Ringwalls ausmachen, der die Siedlung umgeben hat. Innerhalb und außerhalb dieses Rings konnten seit Ende des 19. Jahrhunderts viele bedeutende und gut erhaltene Funde aus der Blütezeit des Ortes ausgegraben werden. Sie werden ganz in der Nähe der historischen Stätte im Wikinger Museum Haithabu ausgestellt. Das Museum vermittelt eine gute Vorstellung davon, wie das Alltagsleben der Wikinger ausgesehen haben mag. Innerhalb des Ringwalls wurde ein kleiner Ausschnitt der ehemaligen Siedlungsstrukturen rekonstruiert. In den sieben Wikingerhäusern wird teilweise frühmittelalterliches Handwerk demonstriert.

Im 11. Jahrhundert wurde Haithabu während einer Schlacht zwischen Dänen und Norwegern zerstört. Danach wurde der Standort aufgegeben und auf das andere Ufer der Schlei verlegt – dorthin, wo heute Schleswig liegt. Ein tragisches Schicksal für Haithabu, ein Glücksfall für die Archäologen, die sich dadurch am Haddebyer Noor nach Herzenslust austoben können.

Adresse Am Haddebyer Noor, 24866 Busdorf | **Anfahrt** A7, Ausfahrt Schleswig/Jagel,
Richtung Schleswig, auf B77 Richtung Schleswig, auf B76 Richtung Eckernförde abbiegen,
beim Campingplatz Haithabu rechts zum Wikinger Museum abbiegen | **Öffnungszeiten**
April–Okt. täglich 9–17 Uhr, Nov.–März Di–So 10–16 Uhr (Wikingerhäuser im Winter-
halbjahr geschlossen) | **Tipp** Ein Besuch ist im Sommer besonders beeindruckend. Dann
steht der Museumsgarten mit Wildstauden und Kulturpflanzen, die es schon zur Wikinger-
zeit gab, in voller Blüte.

95 Kalifornien

Nur einen Steinwurf von Brasilien entfernt

Sie möchten in Ihrem Sommerurlaub die Sonne Kaliforniens genießen? Kein Problem. Sie müssen dafür nicht einmal in den Flieger steigen, und der lästige Geldwechsel entfällt auch. Fahren Sie einfach ins holsteinische Schönberg. Dort trägt ein Ortsteil den Namen des Sonnenstaats der USA. Hier finden Sie feinen weißen Sandstrand und ein attraktives Angebot an Unterkünften, hier können Sie im Strandkorb entspannen und auf dem breiten Deich spazieren gehen oder Fahrrad fahren. Und wenn Sie Lust haben, dann wandern Sie den Deich ein Stück weiter entlang und besuchen Brasilien. Denn das liegt gleich nebenan und gehört ebenfalls zur Gemeinde Schönberg.

Wie es zu der ungewöhnlichen Namensgebung kam, wird wie folgt überliefert: Ein Fischer soll nahe seiner Hütte eine Schiffsplanke im Strandsand gefunden haben, auf der »California« geschrieben stand.

Er nahm das Stück Holz mit nach Hause und nagelte es kurzerhand an seine Hütte. Ein konkurrierender Fischer entdeckte das Schild und wollte seinem Kollegen in nichts nachstehen. Er suchte sich ein passendes Stück Holz und pinselte sorgfältig das Wort »Brasilien« darauf. Dieser Name schmückte fortan seine Hütte, die etwas weiter östlich am Strand lag. So waren die Namen der beiden Strandabschnitte geboren, aus denen sich die beiden Ortsteile Schönbergs entwickelten.

Wo früher die Fischer ihre Hütten hatten und ihre Boote anlandeten, dominieren heute Strandkörbe und erholungsuchende Touristen das Bild.

Und auch wenn der Strand im Sommer gut besucht ist, mutet Kalifornien immer noch recht beschaulich an. Statt großer Bettenburgen gibt es gemütliche Ferienwohnungen und -häuser. Besonders für Camper, die naturnahen Urlaub suchen, ist Kalifornien ein beliebtes Urlaubsziel.

Adresse Kalifornien, 24217 Schönberg (Holstein) | **Anfahrt** B502 nach Schönberg, bei Schönberg Richtung Kalifornien abbiegen | **Tipp** Nostalgisch wird's im Kindheitsmuseum in der Schönberger Innenstadt. Es bietet aber auch spannende Sonderaktionen für »moderne« Kinder an.

96 Der Schönhagener Strand

Zehn Kilometer Natur, Erholung und Freizeitspaß

Zugegeben: Der Schönhagener Strand auf der Halbinsel Schwansen ist kein echter Geheimtipp. Dafür stehen im Ort zu viele Ferienhäuser im dänischen Stil, und auch die Rehaklinik im Schloss Schönhagen bringt jedes Jahr 4.000 Gäste in das Ostseebad. Besonders im Sommer ist hier richtig was los. Aber die vielen Touristen kommen ja nicht umsonst nach Schönhagen. Hier findet man einen feinsandigen, flachen Strand, der nicht nur Familien mit Kindern begeistert.

Auch die Freunde von ausgedehnten Spaziergängen kommen hier voll auf ihre Kosten. Schließlich erstreckt sich der Schönhagener Strand auf zehn (!) Kilometer Länge vom Olpenitzer Hafengelände im Norden bis zum südlich gelegenen Gesundheitszentrum Damp. Dabei verändert der Küstenstreifen immer wieder sein Gesicht. Mal einsam und naturbelassen, mal fein herausgeputzt mit Strandkörben, mal rau mit Steilküste im Rücken.

Auf dem Weg Richtung Süden ist man mit einem Mal nicht nur linker Hand, sondern auch landseitig von Wasser umgeben. Hier befindet sich der Schwansener See, der nur durch eine schmale Nehrung vom Meer getrennt ist. Der See und die Landschaft drum herum sind Naturschutzgebiet. Deshalb kann hier auch nicht gebadet werden. Aber dafür hat man ja schließlich auch die Ostsee. Auf dem nördlichen Strandabschnitt, dem Weidefelder Strand, kann man dies sogar kurtaxfrei. Und trotzdem genießt man hier den vollen Komfort wie DLRG-Überwachung, ein nettes Strandrestaurant mit Imbiss und einen großen Kinderspielplatz.

Und wenn es doch mal zu kalt oder verregnet sein sollte, um in der Ostsee zu baden, zieht man sich einfach in sein Schönhagener Ferienhaus zurück. Denn die bunten Holzhäuser sind teilweise kleine Luxusherbergen. Einige davon sind mit Sauna und Whirlpool, manche sogar mit richtigem Swimmingpool ausgestattet. So lässt es sich hier das ganze Jahr über gut aushalten.

Adresse Ortsteil Schönhagen, 24398 Brodersby | **Anfahrt** B203 bis Karby, Abfahrt Richtung Schönhagen, links nach Schönhagen abbiegen und dem Straßenverlauf bis zum Strand folgen | **Tipp** Das Bio-Café La Muh (Schlossstraße 8) bietet neben selbst gebackenen Kuchen und Torten einen Kunst- und Flohmarkt, der am Wochenende geöffnet ist.

97 __ Der Bungsberg
Die nördlichste Skipiste Deutschlands

Wer gern Ski fährt und an der Küste wohnt, muss entweder auf Wasserski umsteigen oder ganz weit fahren. Das stimmt, aber nur zum Teil. Denn wer sich auch mit einer etwas kürzeren Abfahrt anfreunden kann, der kann auch in der Region bleiben. Der Bungsberg in Ostholstein ist nämlich mit seinen 168 Metern der höchste Berg in Schleswig-Holstein. Und auf ihm befindet sich das nördlichste Skigebiet Deutschlands – und das einzige Skigebiet Schleswig-Holsteins.

Der Bungsberg liegt auf dem Gemeindegebiet von Schönwalde und ist zu jeder Jahreszeit ein beliebtes Ausflugsziel. Bei gutem Wetter sind hier Erholungsuchende zu Fuß, auf dem Fahrrad oder hoch zu Ross unterwegs. Einen fantastischen Weitblick bis zur Ostsee und über halb Schleswig-Holstein von Kiel bis nach Lübeck bietet der Fernmeldeturm auf dem Gipfel des Bungsbergs. Er ist öffentlich zugänglich und besitzt eine Aussichtsplattform auf 40 Meter Höhe.

Doch zurück zum Wintersport: Schleswig-Holstein ist sicherlich nicht das schneereichste Bundesland Deutschlands, doch die Gemeinde Schönwalde schaffte dennoch 1970 einen Skilift an, um den Tourismus in der Gemeinde anzukurbeln. Rund anderthalb Minuten dauert die Auffahrt mit dem Schlepplift, die rund 300 Meter lange Abfahrt ist bereits nach 20 bis 30 Sekunden vorbei. In den Alpen sind die Pisten um einiges länger, aber der Bungsberg liegt vor der Tür. Und wenn der Winter solche Kuriositäten bietet, wie der in 2009/2010, als in Norddeutschland rund 40 Zentimeter Schnee lagen, während die Pisten im Allgäu grün blieben, dann ist es doch sehr angenehm, wenn man am Bungsberg zwischen zwei Abfahrten wählen kann.

Zukunftsvisionen für den Bungsberg sehen den Neubau einer Berg- und Talstation an der Skipiste, die Umgestaltung des Fernmeldeturms zu einem spektakulären Aussichtsturm mit Lufthotel und ein ungewöhnliches Wanderwegenetz vor. Damit würde der Bungsberg zu einem echten Highlight in der Region werden.

Adresse Bungsberg, 23744 Schönwalde am Bungsberg | **Anfahrt** A1, Ausfahrt Neustadt-Pelzerhaken, Richtung Schönwalde, rechts abbiegen und durch Altenkrempe fahren, weiter bis Schönwalde, an der Kreuzung links und gleich wieder rechts abbiegen (Richtung Lütjenburg), nach einem Waldstück rechts abbiegen, zweite Straße links auf den Bungsberg fahren | **Tipp** Zur Nachbargemeinde Kasseedorf gehört das malerische Gut Stendorf. Hier kann man eine gemütliche Ferienwohnung mieten, ohne den touristischen Trubel, der auf vielen anderen Gutshöfen herrscht.

98__ Der Surendorfer Strand

Besonders beliebt bei jungen Kielern

Der Dänische Wohld ist eines der beliebtesten Ausflugsziele für die Bewohner Kiels, die Ruhe und naturnahe Erholung suchen. Die hügelige Landschaft bietet leuchtende Rapsfelder zwischen kleinen Dörfern, jahrtausendealte Hünengräber und eindrucksvolle Gutshöfe.

Im Sommer sind aber vor allem die Strände von Schwedeneck das Ziel der Landeshauptstädter. Von der nördlichsten Spitze der Kieler Außenförde bis in die Eckernförder Bucht hinein reicht die eindrucksvolle Steilküste, die in Surendorf und Grönwohld von feinsandigen, flachen Stränden unterbrochen wird.

In Surendorf befindet sich der Kurstrand von Schwedeneck. Ob planschende Kinder, Kitesurfer, Tretbootfahrer oder notorische Strandkorbsitzer – alle finden am Surendorfer Strand ihr Plätzchen. Auch wenn die Betitelung Kurstrand eher nach älterem, gesundheitsorientiertem Publikum klingt, wird hier einiges für junge Gäste geboten. Und das nicht nur, wenn mal wieder eine Beachparty stattfindet.

Denn während die Jugendlichen in den Großstädten auf kilometerweit herangekarrtem Sand in den trendigen Strandbars sitzen, hat man in der Surendorfer Strandoase echten Naturstrand unter den Füßen, wenn man an seinem Caipirinha nippt. Und aus dem Strandimbiss »Futterkiste«, der jahrzehntelang die besten Pommes weit und breit verkauft hat, ist eine moderne Tapasbar geworden. Die Pommes frites sind auf der Karte geblieben, wurden aber um mediterrane, arabische und asiatische Gerichte ergänzt. Es ist also für jeden Geschmack etwas dabei.

Genauso verhält es sich mit dem Strand. Wer keinen Wassersport betreibt und auch den Trubel am Strand nicht so gern mag, kann sich ein ruhiges Plätzchen an den Dünen suchen oder in Richtung Steilküste wandern. Und das alles gerade einmal 20 Autominuten von Kiel entfernt.

Adresse Zum Kurstrand, 24229 Schwedeneck | **Anfahrt** B503 bis Surendorf, Abfahrt Surendorf nehmen, auf die Eckernförder Straße, links auf die Seestraße, halb rechts auf Zum Kurstand | **Tipp** Wer im Urlaub gern mal sein Pferd mitnehmen möchte, ist auf dem Hof Buchholz im Schwedenecker Ortsteil Birkenmoor herzlich willkommen.

99__ Der Rosensee

Die erste Wendeltreppe für Fische

Die Schwentine ist mit ihren 62 Kilometern zwar nicht der längste Fluss Schleswig-Holsteins, aber einer der interessantesten. Ihre Quelle befindet sich auf dem 168 Meter hohen Bungsberg, dem höchsten Punkt des Bundeslandes. Danach schlängelt sie sich durch die gesamte Holsteinische Schweiz mit ihren zahlreichen Seen. Doch anstatt in einen der Seen zu münden, fließt die Schwentine einfach durch sie hindurch. Großer Plöner See, Kleiner Plöner See, Kellersee, Dieksee, Großer Eutiner See und so weiter – die Schwentine macht vor keinem der großen Seen in der Holsteinischen Schweiz halt. Danach fließt sie zielstrebig weiter nach Norden, um in die Kieler Förde zu münden.

Kurz vor dem Kieler Stadtgebiet scheint sich der unermüdliche Fluss noch durch einen letzten See, den Rosensee in Raisdorf, zu zwängen. Doch der Rosensee ist nicht natürlichen Ursprungs, hier wurde die Schwentine durch den Bau eines Wasserkraftwerks künstlich aufgestaut. Seit 1909 erzeugt das »Wasserkraftwerk II« – Kraftwerk I wurde vier Jahre zuvor etwas weiter flussabwärts errichtet – sauberen Ökostrom. Und die Gemeinde Raisdorf freut sich über ein zusätzliches Naherholungsgebiet. Denn auch wenn der Rosensee künstlich entstanden ist, ist sein Umfeld sehr naturnah und ein beliebtes Ziel für Spaziergänger, Paddler und Angler. Mit dem Schwentinepark wurde am Flussufer in unmittelbarer Nähe zum Stausee ein Freizeitgelände für Familien geschaffen, dessen Herzstück ein Wildpark mit rund 400 Tieren ist.

Im Jahr 2004 mussten die Raisdorfer jedoch kurzzeitig auf ihren Rosensee verzichten. Im Zuge der Sanierungsarbeiten am Wasserkraftwerk II wurde der Wasserspiegel vorübergehend auf ein Minimum abgesenkt. Durch die Sanierung hat Raisdorf eine weitere Attraktion erhalten: die weltweit erste Wendeltreppe für Fische. Sie besteht aus 36 Wasserbecken, die mit einer Steigung von drei Prozent angeordnet sind und es so den Tieren ermöglichen, den Höhenunterschied von 6,50 Meter zwischen Schwentine und Rosensee zu überwinden.

Adresse An der Schwentine, 24223 Schwentinental-Raisdorf | **Anfahrt** B76 nach Raisdorf, auf B202 Richtung Lütjenburg, links in Rosenthal, rechts in Zur Schwentine, links in die Jahnstraße, auf dem Großparkplatz halten und zu Fuß zur Schwentine gehen | **Öffnungszeiten** Der Schwentinepark ist täglich von 5–23 Uhr geöffnet. | **Tipp** Die Schwentine zwischen Raisdorf und Preetz lässt sich sehr schön mit dem Kanu erkunden.

100__ Sehestedt am Nord-Ostsee-Kanal

Das zweigeteilte Dorf

Normalerweise sind es größere Städte, die ihr Stadtgebiet so strukturieren, dass man von der Nord- oder Südstadt spricht. Wenn in einem 800-Seelen-Dorf vom Nord- und Südteil gesprochen wird, klingt das zunächst etwas vermessen. Aber in der kleinen Gemeinde Sehestedt ist dies seit über 100 Jahren absolut berechtigt. Durch den Bau des Nord-Ostsee-Kanals, der meistbefahrenen künstlichen Wasserstraße der Welt, wurde das Dorf gnadenlos in zwei Teile zerschnitten. Seit 1895 fahren somit immer größer werdende Fracht- und Kreuzfahrtschiffe mitten durch das Örtchen, das bis dato an der malerischen Eider lag. Und die ehemaligen Nachbarn mussten fortan zuerst die Fähre über den Kanal nutzen, um sich auf einen Klönschnack zu treffen.

Doch die Sehestedter ließen sich durch die 162 Meter breite Wasserstraße nicht entzweien. Schließlich wurden hier schon ganz andere Schlachten geschlagen wie zum Beispiel 1813 während der Napoleonischen Kriege. Damals gelang es den dänischen und schleswig-holsteinischen Truppen, die an der Seite Frankreichs kämpften, sich im »Gefecht bei Sehestedt« gegen die Alliierteneinheiten der Preußen, Schweden und Russen durchzusetzen. Dieser Sieg ist bis heute Anlass für alljährliche dänische Feiern. Und auch in der jüngeren Geschichte zeigte das zweigeteilte Dorf, welch starker Zusammenhalt hier immer noch herrscht. Als im benachbarten Bovenau, in Sichtweite zu Sehestedt, eine Deponie für Schlick aus dem Hamburger Hafen errichtet werden sollte, kämpfte eine Bürgerinitiative acht Jahre lang erbittert dagegen – und gewann.

Mittlerweile ist der Kanal, der einst das Dorf auseinanderriss, zur echten Attraktion geworden, besonders wenn die großen Kreuzfahrtschiffe durch Sehestedt fahren. Die Gemeinde reagierte darauf mit dem Bau eines Wohnmobilstellplatzes direkt am Kanalufer. Die Sehestedter wissen eben, wie man aus der Not eine Tugend macht.

Adresse 24814 Sehestedt | **Anfahrt** A7, Ausfahrt Rendsburg/Büdelsdorf, B203 Richtung Büdelsdorf, vor dem Büdelsdorfer Ortseingang im Kreisverkehr zweite Ausfahrt Richtung Gettorf/Borgstedt, der Straße bis Sehestedt folgen, rechts in die Hauptstraße, rechts in die Fährstraße | **Tipp** Passagezeiten der Kreuzfahrtschiffe durch den Nord-Ostsee-Kanal gibt es unter www.nok-sh.de.

101 Die Blomenburg

Das Märchenschloss mit der wechselvollen Geschichte

»Die ist doch nicht echt!«, schießt es dem Betrachter beim Anblick der blütenweißen Burg mit den Zinnen auf dem Dach und den Türmen durch den Kopf. Man würde sich kaum wundern, wenn plötzlich das frisch erwachte Dornröschen aus dem Tor geschritten käme oder Rapunzel aus einem Turmfenster ihre Haarpracht herabließe. Doch die Blomenburg in Selent ist kein Märchenschloss, sondern ein echtes Herrenhaus aus dem 19. Jahrhundert, das eine recht wechselvolle Geschichte zu erzählen hat.

Graf Otto von Blome hieß der Hausherr der Burg, der zugleich ihr Namensgeber war. 1844 bis 1848 ließ er das Gebäude als Jagdsitz im englischen Tudorstil errichten. Bis 1927 diente die Blomenburg der Familie Blome als gelegentlicher Wohnsitz, dann wurde sie an die Provinz Schleswig-Holstein verkauft. Die folgenden 65 Jahre residierten auf der Burg Kinder und Jugendliche, denn auf der Blomenburg wurde ein Erziehungsheim eingerichtet. Auf den Auszug der Kinder folgte der Einzug von Flüchtlingen aus dem ehemaligen Jugoslawien, die hier während des Bürgerkriegs untergebracht wurden. Nach mehreren Jahren Leerstand fand das Land 1997 schließlich einen Käufer und Investor, der in den folgenden Jahren die Burg sanierte, durch einen modernen Anbau erweiterte und ein Technologiezentrum einrichtete.

Doch auch Fördergelder in Millionenhöhe reichten nicht aus, um das neue Nutzungskonzept langfristig tragfähig zu machen. 2009 musste der Betreiber Insolvenz anmelden. Jetzt liegt die Zukunft der Blomenburg in der öffentlichen Hand. Der Kreis Plön hat den Betrieb des Technologiezentrums übernommen, eine Bürgerinitiative setzt sich für eine Öffnung der Blomenburg und eine vielfältige Nutzung ein. 974 Unterschriften wurden hierfür gesammelt. Ein gutes Ergebnis dieser Bemühungen wäre wünschenswert, damit die Blomenburg am Ende nicht doch noch zum verschlafenen Dornröschenschloss wird.

Adresse Blomenburg 1, 24238 Selent | **Anfahrt** B202 nach Selent, in Selent Richtung Plön abbiegen, rechts in die Blomenburger Allee, nächste Möglichkeit rechts | **Tipp** Direkt am Selenter See befindet sich das Fischerdörfchen Bellin mit seinen Fachwerkhäusern und einem Badestrand am See.

102 Das Erste Deutsche Bananenmuseum

Die Ausstellung zur deutschen Wiedervereinigungsfrucht

In Sierksdorf ist alles Banane! Zumindest im Keller von Bernhard Stellmacher, Künstlername Stelli Banana. Dort befindet sich nämlich das »Erste Deutsche Bananenmuseum«, das zugleich auch das einzige deutsche Bananenmuseum ist. Schon von Weitem weist das Bahnsignal, auf dessen Spitze eine Banane thront, den Weg ins Reich der gelben Frucht. Im Keller angekommen, findet man von Kunst über Kurioses bis Kitsch so ziemlich alles, was nach einer Banane aussieht: Bananen aus Plüsch, Bananen aus Plastik, Bananenlautsprecher oder Bananenlampen, aber auch Andy Warhols berühmte Banane. Einige Objekte hat der Museumsinhaber selbst gestaltet wie zum Beispiel den Bananomat, der Geld ausspuckt, wenn man eine Banane hineinwirft. Außerdem ist die Banane als Symbol der deutschen Wiedervereinigung ein immer wiederkehrendes Thema der Ausstellung.

Das »Virus Bananicus« hat den Industriedesigner Stellmacher Ende der 1970er Jahre gepackt, und seitdem sammelt er alles Bananige, was ihm in die Finger kommt. 1991 eröffnete er schließlich das Erste Deutsche Bananenmuseum, das mittlerweile aus allen Nähten platzt. Ein großer Teil der über 10.000 Objekte muss deshalb im Archiv weilen, bis »Stelli Banana« die Ausstellung mal wieder umdekoriert. Der Hausherr selbst ist übrigens das Herzstück des Museums. Da es keinen roten Faden durch die Ausstellung und auch keine Erläuterungen zu den Exponaten gibt, ist er für Orientierung und Informationen zuständig. Und die teilt er großzügig und charmant mit jedem Besucher. Ergänzend gibt es seine persönlichen Lebensweisheiten, denen allesamt die Bedeutung der Banane in der Entwicklungsgeschichte der Menschheit gemein ist.

Wenn es auf die Frage, warum die Banane krumm ist, tatsächlich eine Antwort geben sollte, dann kann man sie nur hier im Sierksdorfer Bananenmuseum finden.

Adresse Professor-Haas-Straße 59, 23730 Sierksdorf | **Anfahrt** A1, Ausfahrt Eutin, Richtung Sierksdorf/Haffkrug, erste Möglichkeit links Richtung Sierksdorf, bei Sierksdorf rechts in Professor-Haas-Straße | **Öffnungszeiten** Sa–So 11–13 Uhr | **Tipp** Wenn man schon einmal in Sierksdorf ist, darf man sich einen Besuch im bekannten Hansa-Park nicht entgehen lassen.

103 Annies Kiosk

Die berühmteste Würstchenbude Dänemarks

In diesem Buch werden eigentlich 111 besondere Orte beschrieben, die an der Ostseeküste zwischen Lübeck und Flensburg liegen. Dieser Ort dürfte demnach gar nicht dabei sein, denn Sønderhav befindet sich bereits in Dänemark, wie man an dem durchgestrichenen o unschwer erkennen kann. Aber es ist nicht weit weg von Flensburg und fast jedem Flensburger ein Begriff. Und fast jeder Flensburger ist schon einmal hier gewesen. Aber nicht etwa wegen des Strands, von dem aus man einen schönen Blick auf die Förde und die vor Sønderhav liegenden Ochseninseln hat. Nein, das Ziel des Ausflugs ist in den meisten Fällen eine gelbe Bretterbude, vor der fast immer eine Warteschlange hungriger Menschen steht. Die Rede ist von Annies Kiosk.

Hier gibt es eine riesige Auswahl an Hotdogs – die besten weit und breit. Manche sagen sogar, die besten Hotdogs ganz Dänemarks, ach was, ganz Europas! Nun ja, diese Behauptung konnten wir nicht überprüfen, aber man kann ganz objektiv sagen, dass sie wirklich sehr, sehr gut sind. Und so halten die meisten Durchreisenden, die ja ganz gezielt wegen Annies Kiosk die Küstenstraße wählen, hier an, um sich eine gegrillte Pølse im warmen Brötchen oder eine andere der elf verschiedenen Würstchenvariationen zu gönnen. An manchen Tagen kann die Warteschlange noch länger werden als sonst, denn bei Annie treffen sich regelmäßig die Motorradfahrer aus der Umgebung. Bei so viel Würstchentourismus hat sich Sønderhav schon den Beinamen Hot-Dog-Hav erworben.

Seit 1985 betreibt Annie Bøgild ihren Kiosk an der Küstenstraße. Gearbeitet hat sie hier aber schon vorher, als Angestellte ihres Vorgängers Reinhard Petersen, der die Würstchenbude im Jahr 1936 eröffnet hat. 1966 begann sie im zarten Alter von 15 Jahren als Aushilfe zu arbeiten. Und auch nach über 40 Jahren, die Annie nun schon Hotdogs brät, steht sie immer noch regelmäßig selbst hinter der Theke und bedient mit Herzblut ihre Gäste.

Annie's Kiosk

Pølse m. brød	Kr. 19,00 EUR 2,60		**Oksepølse m. brød**	Kr. 22,00 EUR 3,00
			Brød	Kr. 5,00 EUR 0,70
Bockwurst m. brød	Kr. 28,00 EUR 3,85		**Krasser**	Kr. 10,00 EUR 1,40

Hotdog	Kr. 22,00 EUR 3,00		**Ristet m. brød**	Kr. 22,00 EUR 3,00
Bockwurst hotdog	Kr. 30,00 EUR 4,15		**Ringrider m. brød**	Kr. 25,00 EUR 3,45
Okse hotdog	Kr. 24,00 EUR 3,30		**Fransk hotdog**	Kr. 24,00 EUR 3,30

Adresse Fjordvejen 76, 6340 Sønderhav, Dänemark | **Anfahrt** A7, Ausfahrt Flensburg, auf B200 Richtung Glücksburg/Kappeln, der B200 bis zur dänischen Grenze folgen, geradeaus bis Kruså, rechts Richtung Sønderborg, nach dem Ortsausgang rechts auf Fjordvejen, an der Förde entlang durch Kollund bis Sønderhav fahren | **Öffnungszeiten** täglich 10–20 Uhr, im Sommerhalbjahr gelten längere Öffnungszeiten, die nach Saison und Wetterlage variieren können | **Tipp** Schön ist auch ein Ausflug nach Sønderhav mit dem Fahrrad. An der Förde entlang überquert man den Grenzübergang Schusterkate, der über eine kleine Holzbrücke führt.

Ristet hotdog	Kr. 24,00 EUR 3,30		Bøf-sandwich	Kr. 26,00 EUR 3,60

Ringrider	Kr. 27,00

Frikadelle-	Kr. 26,00

104 Der Bahnhof Süderbrarup

Kulisse für den Landarzt-Dreh

Auf der Halbinsel Angeln, nicht weit von der Schlei entfernt, liegt die Gemeinde Süderbrarup, in der knapp 3.900 Einwohner leben. Damit gehört Süderbrarup schon zu den größeren Orten in der ländlich geprägten Region. Und deshalb besitzt Süderbrarup auch das Privileg eines eigenen Bahnhofs, der im Stundentakt an die Linie Flensburg–Kiel angeschlossen ist. Und der Bahnhof beschert Süderbrarup auch eine kleine Statistenrolle in der ZDF-Serie »Der Landarzt«.

Eigentlich verwandelt sich das zehn Kilometer entfernte Kappeln für die Serie regelmäßig in den fiktiven Ort Deekelsen. Aber für viele Aufnahmen wird die gesamte Region in die Dreharbeiten einbezogen. So wird das Gut Lindauhof in Lindau zur Landarztpraxis, das Café Krog in Ulsnis ist in der Serie der Gasthof von Maren Jantzen, und der Bahnhof Süderbrarup dient eben gelegentlich als Bahnhof von Deekelsen. Dann werden die Schilder, die dem Bahnreisenden anzeigen, dass er sein Ziel erreicht hat, einfach ausgetauscht.

Von Flensburg bis Schleswig und auch über die Region hinaus mussten schon einige Mühlen, Reetdachkaten und Gutshäuser als Kulisse für den Landarzt-Dreh herhalten. Aber in der Region rund um die Schlei nimmt man's gelassen. Schließlich ist so eine Serie die beste Werbung, die es gibt – und das auch noch kostenlos! Seit über 20 Jahren in mehr als 200 Folgen, jeweils eine knappe Stunde lang zur besten Vorabendsendezeit, bekommen teilweise bis zu fünf Millionen Zuschauer präsentiert, wie bezaubernd die Halbinseln Angeln und Schwansen sind.

Wenn am Bahnhof Süderbrarup nicht gedreht wird, ist er auch Endstation der Angelner Dampfeisenbahn, der nördlichsten Museumsbahn Deutschlands. 1979 dampfte von hier der erste Zug in Richtung Kappeln zu den Heringstagen. Mittlerweile fahren die skandinavischen Dampfloks an drei Tagen in der Woche ein- bis zweimal von Kappeln nach Süderbrarup und zurück.

Adresse Bahnhofstraße 15, 24392 Süderbrarup | **Anfahrt** A7, Ausfahrt Schleswig-Schuby,
B201 Richtung Kappeln, in Süderbrarup nach den Bahngleisen links in die Bahnhofstraße |
Tipp Mit der Museumsbahn kann man auf Erlebnisrundreise gehen: Die Rundtour findet
mit der Dampfeisenbahn, dem Schleiraddampfer und dem Fahrrad oder Bus statt. Fahrpläne und Infos: www.angelner-dampfeisenbahn.de

105 Alter und Neuer Kurpark

Die gegensätzlichen Grünanlagen

Timmendorfer Strand ist einer der Haupttouristenorte an der schleswig-holsteinischen Ostseeküste. Das ist hinlänglich bekannt. Doch vor gut 100 Jahren waren es nicht Touristen, die in Massen in das kleine Ostseebad strömten, sondern Kurgäste, die hier Erholung und Genesung suchten. Und so wurde in den 1930er Jahren ein Kurpark angelegt. Etwas abseits von der belebten Fußgängerzone und der Strandpromenade kann man hier noch heute einen Ort der Ruhe finden.

Neben einer Freilichtbühne, einer Minigolfanlage und dem Kurmittelhaus findet man im hinteren Teil des Parks drei hintereinander angeordnete Teiche. Sie wurden zur Entwässerung angelegt, denn dort, wo heute die Grünanlage zum Spaziergang einlädt, befanden sich ursprünglich Feuchtwiesen. Durch eine Grundsanierung soll der Kurpark, dessen Gestaltung im Laufe der Jahrzehnte etwas verändert wurde, wieder in den Zustand der 30er Jahre versetzt werden.

Völlig gegensätzlich zur ruhigen Weitläufigkeit des Alten Kurparks präsentiert sich der Neue Kurpark. Eingezwängt zwischen Ostseestrand und Fußgängerzone, geht es hier ungleich trubeliger zu. Im Jahr 2000 wurde die Kurpromenade und mit ihr die Bepflanzung neu gestaltet. Durch die hohen Kiefern wirkt die Grünfläche wie ein kleiner Wald mitten im Ortszentrum. Mittendrin befinden sich der Seepferdchenbrunnen und die denkmalgeschützte Trinkkurhalle. Das geschwungene, transparent gestaltete Gebäude mit den strahlend weißen Fensterumrahmungen stammt aus den 1950er Jahren. Es ist das Veranstaltungszentrum des Seebades. Konzerte, Ausstellungen, Lesungen und vieles mehr finden hier statt.

Nur wenige Schritte trennen den Neuen vom Alten Kurpark. Und so bietet es sich an, den Trubel einmal hinter sich zu lassen und die unterschiedlichen Atmosphären der beiden Anlagen auf sich wirken zu lassen.

Adresse Kurparkstraße, 23669 Timmendorfer Strand | **Anfahrt** A1, Ausfahrt Ratekau, Richtung Niendorf/Timmendorfer Strand, geradeaus in den Ort fahren, rechts auf die Bergstraße, links auf die Wohldstraße, auf dem Großparkplatz beim Eissportzentrum halten und den Parkplatz zu Fuß über die Straße Am Kurpark verlassen | **Tipp** Auf der Kurpromenade, direkt am Neuen Kurpark, können Sie auf dem 54. Breitengrad spazieren gehen, der durch Timmendorfer Strand verläuft.

106 Das Café Engel's Eck

Sehen und gesehen werden im Café Wichtig

Als Paparazzo hat man es im Café Engel's Eck leicht: Hier bekommt man Promis wie Franz Beckenbauer, Wladimir Klitschko, Udo Lindenberg oder Hans-Dietrich Genscher vor die Linse. Das allein wäre nichts Besonderes, befände sich das Café am Alsterufer in Hamburg oder Unter den Linden in Berlin. Doch das Engel's Eck steht in einem 9.000-Seelen-Ort. Und trotzdem ist diese Promi-Dichte für die Einwohner nicht der Rede wert. Denn wir befinden uns in Timmendorfer Strand, dem Sylt der Ostseeküste.

Gerade mal eine Autostunde von Hamburg entfernt, ist das Ostseebad nicht nur für die Reichen und Schönen ein beliebtes Wochenendrefugium. Und da diejenigen, die nicht gerade segeln, golfen oder am Strand liegen, auch etwas zu tun haben müssen, hat sich das Café Engel's Eck zu einem beliebten Treffpunkt entwickelt. Direkt an der Flaniermeile gelegen, kann man hier wunderbar sehen und gesehen werden. Jeder Besucher, der etwas auf sich hält, muss hier einmal eingekehrt sein.

Hier ist die Sonnenbrillen-Dichte auch bei wolkenverhangenem Himmel besonders hoch, denn die meisten Besucher, ob nun prominent oder nicht, wollen sich so vor neugierigen Blicken schützen. Umgangssprachlich wird das Engel's Eck nur noch »Café Wichtig« genannt, denn so nehmen sich viele Besucher gern. Die Betreiber sehen diesen Beinamen mit Humor, und so kann man zum Frühstück auch ein »Kleines Wichtig« oder ein »Großes Wichtig« bestellen. Auch beim Weiterlesen der Speise- und Getränkekarte wird klar, auf welches Klientel man sich hier spezialisiert hat. Schließlich hat nicht jedes Café sechs verschiedene Champagnersorten zur Auswahl.

Wer's lieber bodenständig mag, wird auch fündig: Strammer Max oder Currywurst mit Pommes stehen ebenfalls auf der Karte. Und dazu gibt es noch kostenlose Gesprächsthemen wie: »Ist das nicht dieser eine Schauspieler, wie heißt der denn noch mal?«

Adresse Timmendorfer Platz 3, 23669 Timmendorfer Strand | **Anfahrt** A1, Ausfahrt Ratekau, Richtung Niendorf/Timmendorfer Strand, rechts auf B76 Richtung Niendorf, erste Möglichkeit links in den Höppnerweg, rechts in die Poststraße, links in die Andresenstraße, links in die Strandallee, geradeaus bis zum Timmendorfer Platz | **Öffnungszeiten** täglich ab 8.30 Uhr (im Winter erst ab 9 Uhr) | **Tipp** Gleich in der Nähe, zwischen Engel's Eck und Strand, befindet sich das Meeresaquarium Sea Life.

107 __ Der Mikado Garden

Asiatisches Flair an der Ostsee

Was passiert, wenn asiatischer Bambus auf norddeutsches Reetdach trifft? Es entsteht ein ungewöhnliches, aber äußerst harmonisches Ambiente, das sich stimmig in die Umgebung der Strandpromenade einfügt, aber zugleich optisch hervorsticht. Die Rede ist vom Gebäude in der Strandallee 137 in Timmendorfer Strand. Hier befand sich einst die Lesehalle des Strandbades. Heute heißt die Lesehalle »Mikado Garden« und ist Buchhandlung, Galerie und Lesehalle zugleich – mit besonderem Fokus auf den ostasiatischen Kulturraum. Dies ist schon beim ersten Blick in den Garten des 3.500 Quadratmeter großen Grundstücks nicht zu übersehen. Statuen von Buddha und Shiva sowie strenge klare Linien lassen ostasiatisches Flair aufkommen, das sich im Inneren des Gebäudes wiederfindet.

Außen holsteinisches Reet und innen japanischer Stil – diese gewagte Kombination verdankt Timmendorfer Strand dem Hamburger Unternehmer und Expräsidenten des Hamburger Sportvereins Jürgen Hunke. Er ließ die ehemalige Lesehalle im Jahr 2004 sanieren und hat darin eine seiner Mikado Galerien eröffnet. Die anderen Mikado-Häuser stehen in Hamburg und Berlin.

Dass sich Hunke neben diesen namhaften Metropolen ausgerechnet Timmendorfer Strand als Standort für seine Galerie ausgesucht hat, kommt nicht von ungefähr: In seiner Brust schlagen zwei Herzen – eines für das Ostseebad und eines für Ostasien. Und dass er die Liebe zu beiden Orten ernst meint, zeigt sich eindrucksvoll, wenn man vom Mikado Garden die Strandpromenade noch ein Stück weiter in Richtung Niendorf geht. Hier befindet sich Hunkes Privatanwesen, das er ganz und gar im japanischen Stil umbauen ließ und das mit den schneeweißen Dachziegeln selbst vom Flugzeug aus nicht zu übersehen ist.

Doch das ist Hunke noch nicht genug Ostasien im Ostseebad. Deshalb spendiert er dem Ort ein asiatisches Teehaus an der Spitze der neuen Timmendorfer Seebrücke.

Adresse Strandallee 137, 23669 Timmendorfer Strand | **Anfahrt** A1, Ausfahrt Ratekau, Richtung Niendorf/Timmendorfer Strand, rechts auf B76 Richtung Niendorf, zweite Möglichkeit links in Wiesenweg, links in Strandallee | **Öffnungszeiten** täglich 10–19 Uhr | **Tipp** An der Strandpromenade kann man zu Fuß ins benachbarte Niendorf gehen und die schönen Villen, nicht nur von Jürgen Hunke, bestaunen.

108_ Die Alte Vogtei

Die bedeutsamsten Deckenmalereien der Hansestadt

Die Alte Vogtei in Travemünde ist eines der ältesten und eindrucksvollsten Gebäude der Hansestadt Lübeck. Das über 450 Jahre alte Haus war Sitz des Lübecker Stadtvogts, der dafür zuständig war, die Travemündung zu überwachen, Zölle zu erheben und die Hansestadt vor feindlichen Schiffen zu schützen. Einige Jahrhunderte später – von 1938 bis 2002 – war in der ehemaligen Vogtei die Travemünder Polizeistation untergebracht. Insofern hatte das Gebäude wieder seine ursprüngliche Funktion zurückerhalten: Von hier aus wurde für Recht und Ordnung gesorgt. Doch eines hatten die Stadtvögte vor hunderten Jahren den Polizisten des 20. Jahrhunderts voraus: Sie wussten um die Kunstschätze, die das Haus in sich birgt.

Nach dem Verkauf des Gebäudes im Jahr 2005 in private Hände brachte die umfassende Sanierung Deckenmalereien zum Vorschein, die den Pulsschlag von Kunsthistorikern schnell auf das Doppelte ansteigen lassen. Die vier Meter hohe Renaissance-Kassettendecke zeigt Porträts römischer Kaiser und anderer hoher Politiker. Auch das lübeckische Wappen mit doppelköpfigem Adler ist zu sehen. Die neben dem Wappen aufgemalte Jahreszahl 1623 wird als Hinweis auf die Entstehung der Malerei gewertet.

Die aufwendige und sehr gut erhaltene Deckenmalerei ist nahezu einmalig in ganz Norddeutschland, nur im Lüneburger Rathaus findet sich ein vergleichbares Exemplar. Auch an anderen Stellen der Vogtei wurden besondere Balken-, Decken- und Wandmalereien entdeckt. Und so wurde aus einem alten und eindrucksvollen Haus in Travemünde plötzlich eines der wichtigsten historischen Gebäude der Hansestadt Lübeck. Schade nur, dass die ehemaligen Polizisten in ihrem Arbeitsalltag nichts davon zu sehen bekamen. Aber das können sie jetzt nachholen, denn die Alte Vogtei beherbergt heute ein Café, verschiedene Geschäfte sowie ein Künstleratelier und ist somit für jedermann zugänglich.

Adresse Vorderreihe 7, 23570 Lübeck-Travemünde | **Anfahrt** A1, beim Dreieck Bad Schwartau auf A226, weiter auf B75, weiter auf dem Gneversdorfer Weg, am Ende der Straße rechts abbiegen, nächste Möglichkeit links, Parkplatz überqueren, links in Auf dem Baggersand, geradeaus in die Vorderreihe | **Öffnungszeiten** täglich ab 9 bis mindestens 22 Uhr | **Tipp** Gegenüber der Alten Vogtei befindet sich der Anleger für die Fähre zum Priwall. Dort liegt das Segelschiff Passat, das Wahrzeichen Travemündes.

109__ Die Travemünder Leuchttürme

Vom ältesten zum höchsten Leuchtfeuer Deutschlands

Neben der Viermastbark Passat ist er das Wahrzeichen von Travemünde: der alte Leuchtturm. Und diesen Status verdient er völlig zu Recht. Schließlich ist der 1539 erbaute Turm der älteste Leuchtturm Deutschlands. 1827 zerstörte ein Brand den oberen Teil des Leuchtturms. Er wurde daraufhin im klassizistischen Stil erneuert und erhielt seine heutige Form.

Inzwischen befindet sich in dem 31 Meter hohen Turm ein maritimes Museum, das sich auf acht Stockwerke erstreckt. Das Museum gibt passenderweise Einblick in die Geschichte der Leuchtfeuertechnik und zeigt Modelle von Feuerschiffen und Seelaternen. Außerdem bietet es Informationen zu den Leuchttürmen an der Ostseeküste von Flensburg bis zur Wismarbucht, die alle vom Wasser- und Schifffahrtsamt Lübeck betrieben werden. Wer die 142 Stufen bis zur Aussichtsgalerie des Leuchtturms erklimmt, wird bei gutem Wetter mit einem grandiosen Blick über die Lübecker Bucht bis Grömitz belohnt. Im Inneren kann man auf dieser Etage die funktionsfähige Leuchtfeueranlage mit ihren 1.000-Watt-Glühlampen besichtigen. Das Leuchtfeuer wurde jedoch 1972 ausgeschaltet, da das 35-stöckige Maritim Hotel genau zwischen den Leuchtturm und die Ostsee gebaut wurde und das Leuchtfeuer verdeckte. Zu diesem Zeitpunkt hatte der alte Travemünder Leuchtturm 433 Betriebsjahre hinter sich – ein Rekord, der bis heute ungebrochen ist.

Doch auch der neue Leuchtturm hat einen Superlativ zu bieten: Auf dem Dach des Maritim Hotels wurde das neue Leuchtfeuer in 118 Meter Höhe eingerichtet. Damit ist dies nicht nur das höchste Leuchtfeuer in Deutschland, sondern in ganz Europa. Für echte Leuchtturmfans ist dies allerdings kein ganz sauberer Rekord, denn das Gebäude ist nun mal kein reiner Leuchtturm, sondern dient in erster Linie als Hotel und Wohngebäude.

Adresse Am Leuchtenfeld 1 und Trelleborgallee 2, 23570 Lübeck-Travemünde | **Anfahrt**
A1, beim Dreieck Bad Schwartau auf A226, weiter auf B75, weiter auf den Gneversdorfer
Weg, nach den Bahngleisen links in die Vogteistraße, rechts in Am Lotsenberg, links in die
Außenallee, rechts halten und in die Trelleborgallee fahren, Am Leuchtenfeld zweigt nach
rechts ab | **Öffnungszeiten** Alter Leuchtturm unter www.leuchtturm-travemuende.de |
Tipp Wer ganz hoch hinauswill, kann das Restaurant im 35. Stock des Maritim Hotels
besuchen. Es ist täglich von 15–17.30 Uhr, Sa ab 18.30 Uhr und So 12–14 Uhr geöffnet.

110 Das Brodtener Steilufer

Vorsicht an der Abbruchkante!

Zwischen den feinsandigen Stränden in Travemünde und Niendorf liegt eine vier Kilometer lange Steilküste: das Brodtener Ufer. Dieser bis zu 20 Meter hohe Küstenstreifen ist das aktivste Kliff an der schleswig-holsteinischen Ostseeküste. Aktiv bedeutet in dem Fall, dass ständig Gesteinsbrocken und Sand durch Wind und Wasser abgetragen werden. Am stärksten ist dies in den Wintermonaten der Fall, wenn Stürme hohe Wellen gegen die Abbruchkante drücken. Auf diese Weise büßt das Brodtener Steilufer Jahr für Jahr um bis zu einen Meter ein.

Ein Spaziergang zwischen Niendorf und Travemünde ist also immer wieder neu und immer wieder anders. Egal, ob man untenrum, also am Strand, oder obenrum, auf dem Küstenwanderweg, entlanggeht. Eine Strandwanderung ist gespickt von größeren und kleineren Felsbrocken, hin und wieder versperrt auch mal ein abgestürztes Baumskelett den Weg. Da kann der gemütliche Spaziergang schnell zur Kletterpartie werden. Der Wanderweg oberhalb des Ufers birgt in dieser Hinsicht weniger Überraschungen. Aber auch er verändert sich regelmäßig, denn immer wieder müssen einzelne Abschnitte wegen des abbröckelnden Ufers weiter ins Landesinnere verlegt werden. Was sich hingegen nicht verändert, ist die tolle Aussicht auf die Ostsee und die Lübecker Bucht, die man von hier oben hat.

Diese schöne Aussicht könnte man auch vom Restaurant Hermannshöhe am höchsten Punkt des Küstenabschnitts genießen, wenn sich denn wieder ein Betreiber für das sanierungsbedürftige Anwesen finden ließe. Allerdings nur noch für die nächsten 30 bis 40 Jahre. Dann wird auch dieses Grundstück der Erosion zum Opfer fallen.

Obwohl der Landverlust am Brodtener Ufer so rasant verläuft, werden keine Maßnahmen zum Schutz der Küste ergriffen. Denn im Steilufer lebt Europas größte Uferschwalbenkolonie. Rund 2.500 Brutröhren werden von den Zugvögeln im Sommer bewohnt.

Adresse Brodten, 23570 Lübeck-Travemünde | **Anfahrt** A1, Dreieck Bad Schwartau auf A226, weiter auf B75, kurz vor Travemünde links auf Howingsbrook, nach gut einem Kilometer links auf Steenkamp, kurz vor Brodten rechts zur Hermannshöhe abbiegen | **Tipp** Nicht direkt zum Steilufer, sondern nach Travemünde fahren und den Küstenwanderweg nach Niendorf gehen. Wer den Rückweg sparen möchte, kann vom Niendorfer Hafen den Bus nach Travemünde nehmen.

111 Das Kurhaus

Aus dem Dornröschenschlaf erwacht

Travemünde war eines der ersten Seebäder an der deutschen Ostseeküste und zog mit seiner schönen Bäderarchitektur ein exklusives Publikum an. Doch auch vor Travemünde machten die Bausünden der 1960er und 1970er Jahre nicht halt. So ist das Maritim Hotel mit seinen 35 Stockwerken zum zweifelhaften Wahrzeichen des Ortes geworden. Dem maroden Freizeitbad AquaTop hingegen rückten Anfang 2011 endlich die Abrissbagger zu Leibe. Ein schönes Überbleibsel aus mondänen Zeiten ist das Kurhaus-Hotel, in dem seinerzeit auch regelmäßig die Buddenbrooks einkehrten. Ursprünglich als eingeschossiges Restaurant errichtet, wurde es schon 1827 um ein Stockwerk erweitert, um auch Übernachtungsgäste beherbergen zu können. Sein heutiges Gesicht erhielt es im Jahr 1912. Dann kamen die 1960er Jahre. Und auch das Kurhaus mit seiner schönen Bäderarchitektur, den Säulen, Dachgauben und Sprossenfenstern musste dran glauben. Es wurde um einen modernen Klotz erweitert – den sogenannten Kursaal. Als zentraler Veranstaltungsort für Travemünde erbaut, war er Jahrzehnte später nur noch ein vor sich hin rottender Kasten aus Glas und Beton, der so gar nicht neben das filigrane Kurhaus passte.

Anfang des 21. Jahrhunderts erwachte Travemünde endlich aus seinem Dornröschenschlaf, und die Stadt Lübeck begann wieder etwas für das Ortsbild zu tun. Dies war auch dringend nötig, um sich nicht gänzlich den Rang von den neu aufgestiegenen Seebädern in Mecklenburg-Vorpommern ablaufen zu lassen. Der Kursaal wurde abgerissen und für das Kurhaus ein neuer Investor gesucht. Und gefunden: Im Jahr 2005 zog das A-ROSA Hotel ein, das mit seinem gigantischen Spa-Bereich als eines der schönsten Wellnessresorts der Welt gefeiert wird. Um dies zu realisieren, musste wieder ein kastenartiger Neubau ans Kurhaus dran. Dessen Architektur harmoniert allerdings wesentlich besser mit dem Haupthaus als die des damaligen Kursaals.

Adresse Außenallee 10, 23570 Lübeck-Travemünde | **Anfahrt** A1, Dreieck Bad Schwartau auf A226, weiter auf B75 bis Travemünde, links auf Moorredder, weiter auf Am Fahrenberg, rechts auf Godewind, der Vorfahrtsstraße bis zur Außenallee folgen | **Tipp** Auch wer nicht im Kurhaus-Hotel residiert, kann sich einmal dessen Exklusivität gönnen. Zum Beispiel im Sterne-Restaurant »Buddenbrooks« oder mit einer Tageskarte für den Spa-Bereich.

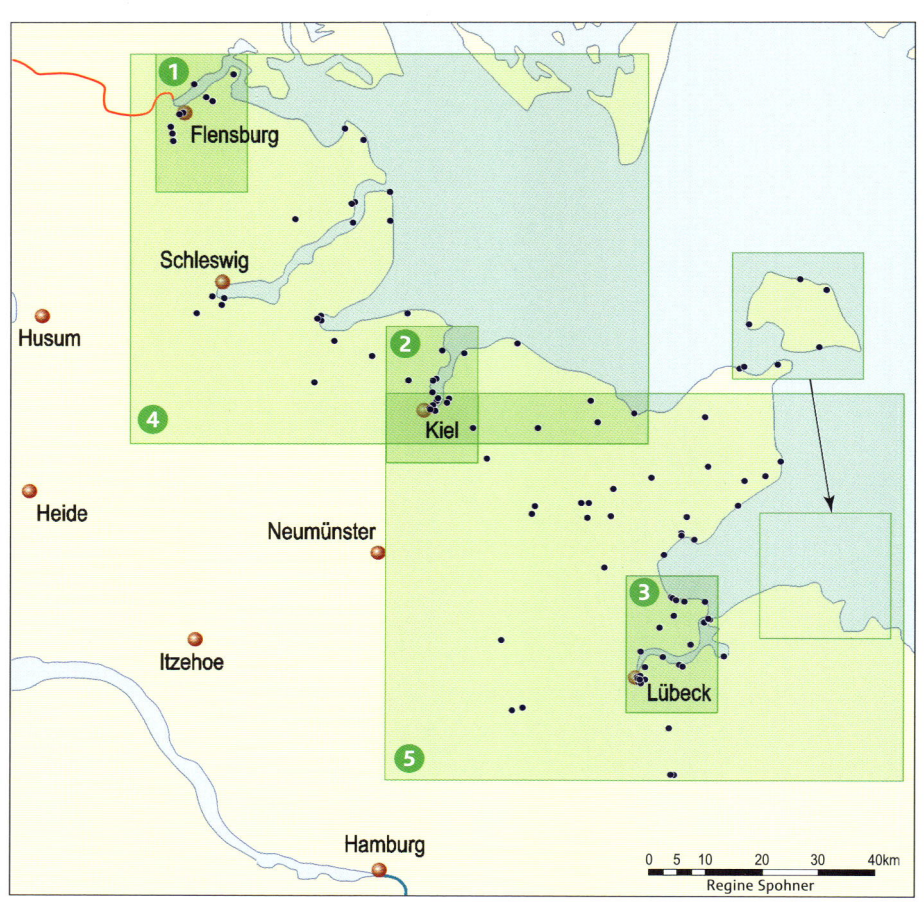

Flensburg

Schleswig

Husum

Heide

Neumünster

Itzehoe

Kiel

Lübeck

Hamburg

0 5 10 20 30 40km

Regine Spohner

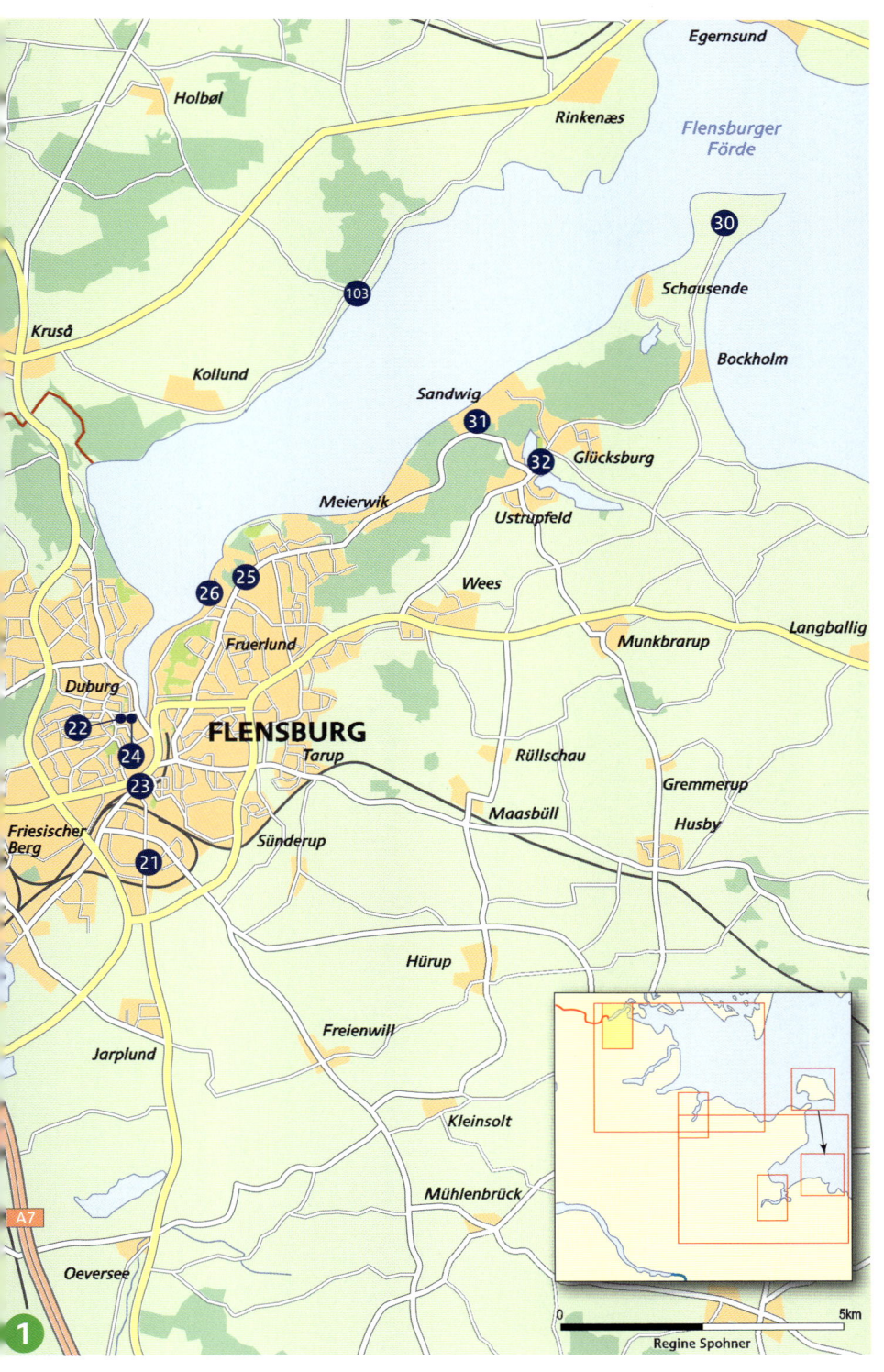

Egernsund

Holbøl

Rinkenæs

Flensburger
Förde

30

Schausende

Kruså

Kollund

Bockholm

Sandwig

103

31

32 Glücksburg

Meierwik

Ustrupfeld

Wees

26 25

Langballig

Fruerlund

Munkbrarup

Duburg

FLENSBURG

22

Tarup

Rüllschau

Gremmerup

24

23

Maasbüll

Husby

Friesischer
Berg

Sünderup

21

Hürup

Jarplund

Freienwill

Kleinsolt

A7

Mühlenbrück

Oeversee

0   5km

Regine Spohner

1

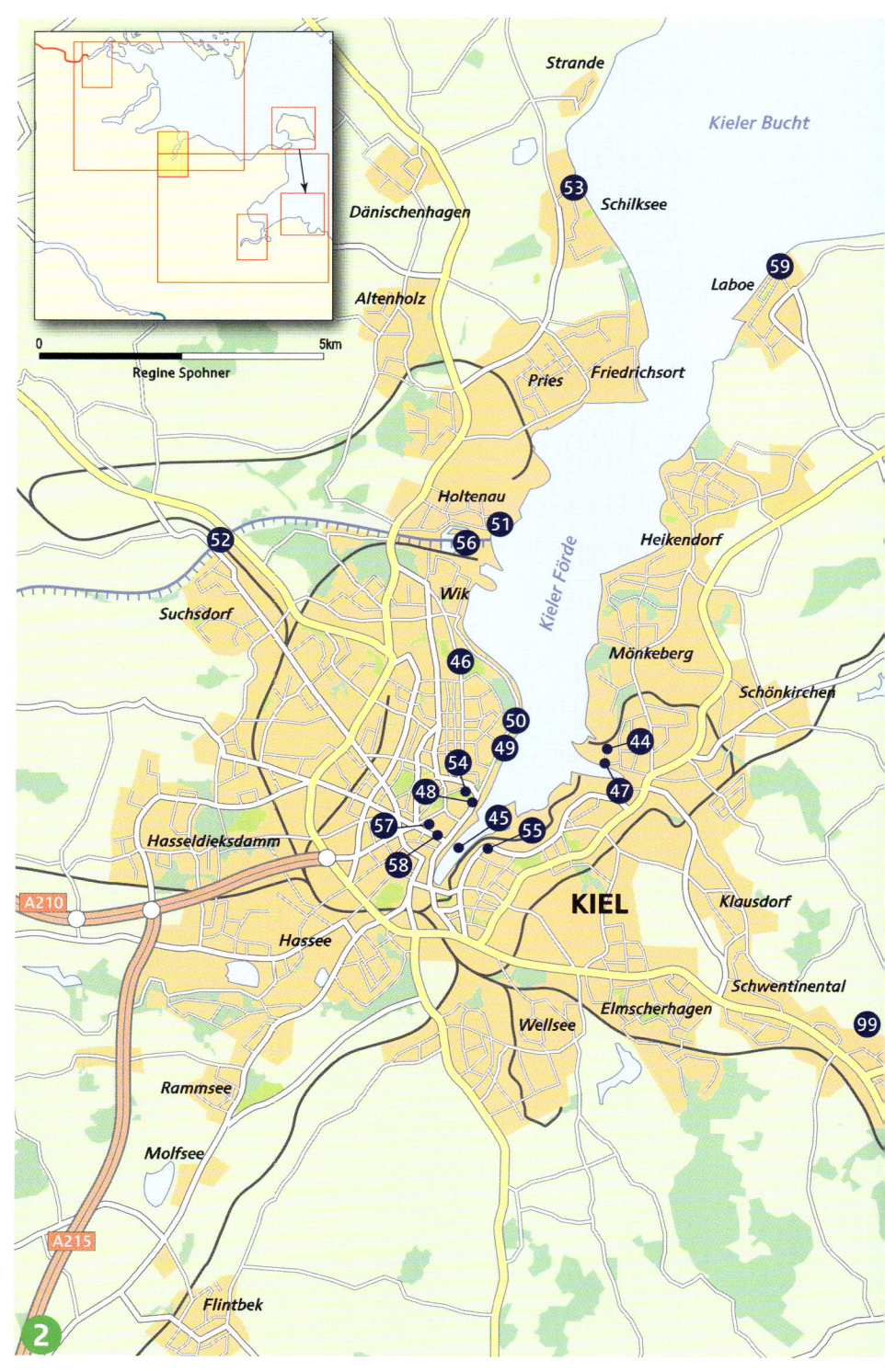

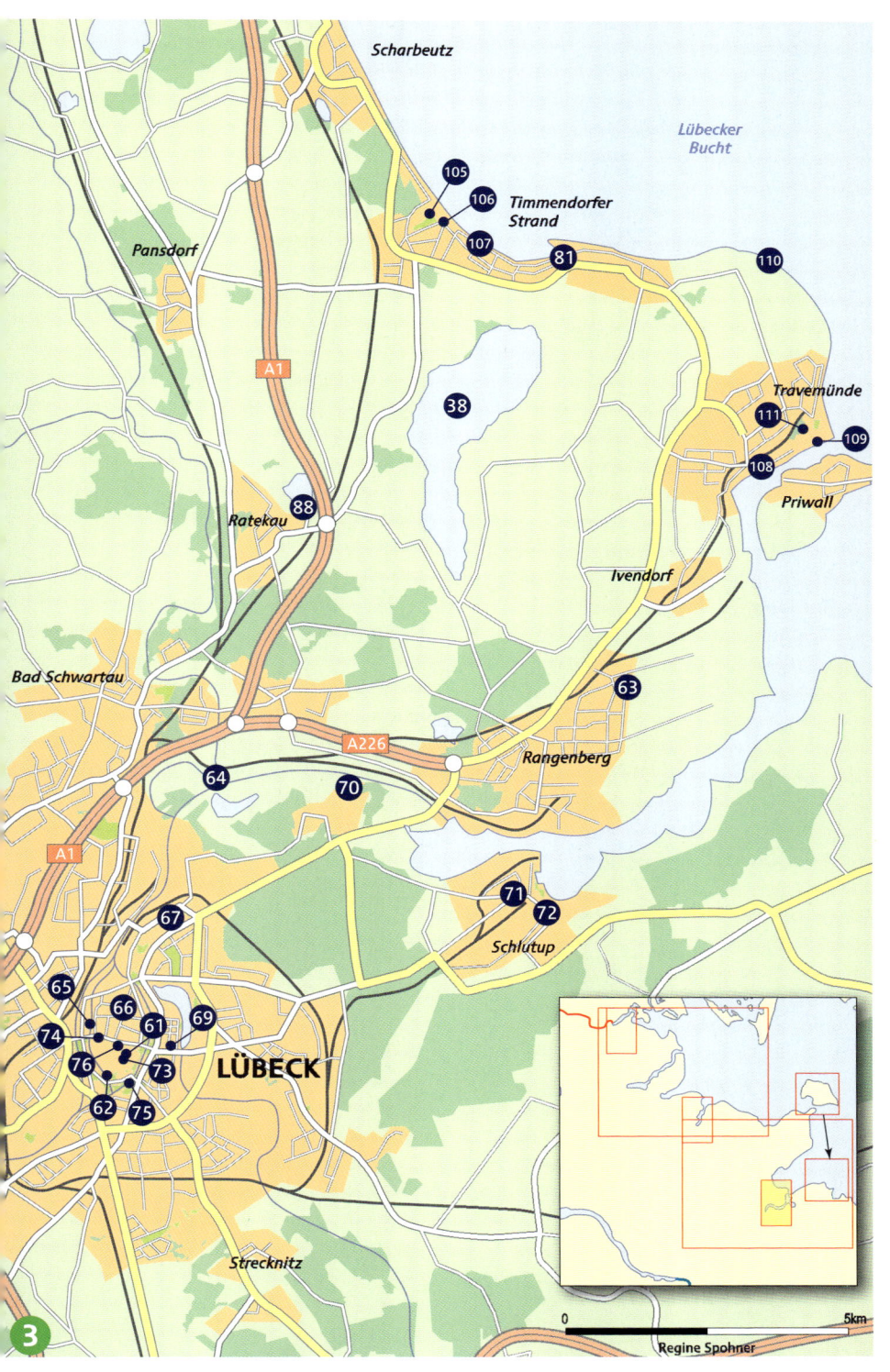

Scharbeutz

Lübecker Bucht

Timmendorfer Strand

Pansdorf

A1

Travemünde

Priwall

Ratekau

Ivendorf

Bad Schwartau

A226

Rangenberg

A1

Schlutup

LÜBECK

Strecknitz

0   5km

Regine Spohner

0   5   10   20km

Regine Spohner

41

96

98

Kieler Bucht

53 Schilksee

59 Laboe

Altenholz

Wendtorf

95

Schönberg

52

Suchsdorf

Kiel Förde

Heikendorf

Schönkirchen

Kronshagen

A210

Selenter See

83 Lütjenburg

Hohwacht

39

KIEL

Schwentinental

99

101 Selent

77

A215

Wellsee

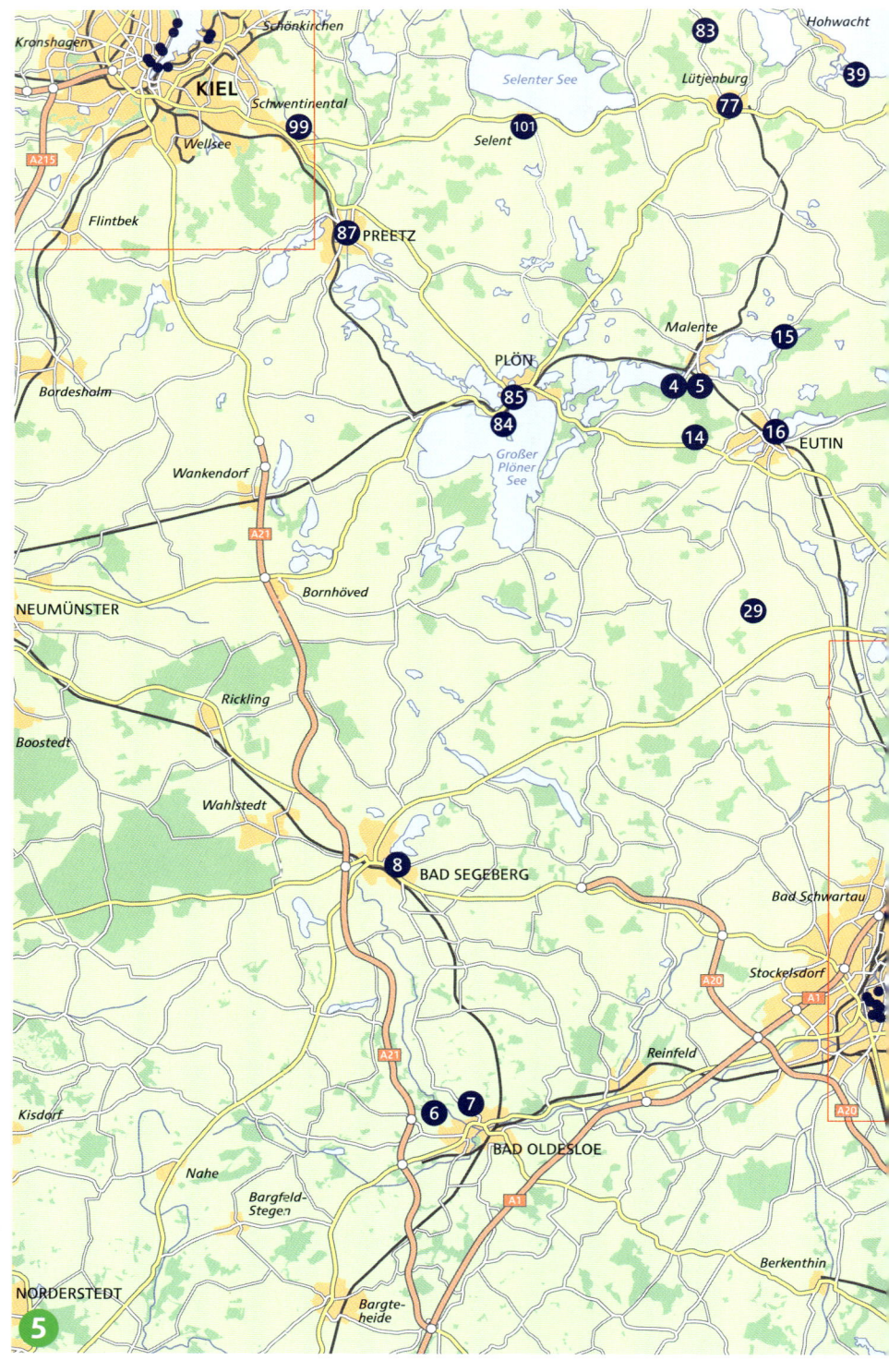

Bildnachweis

Björn Sievert S. 205 (Surendorfer Strand in Schwedeneck)
Lighthouse Foundation S. 91 (Lotseninsel Schleimünde in Kappeln)
Maike Wiechmann S. 125 (Stadtbilderei in Kiel)
Museum Behnhaus Drägerhaus S. 141 (Bürgergärten in Lübeck)
Petra Schumacher (www.hafen-fotos.de) S. 115 (Olympiazentrum in Kiel)
Stiftung Schleswig-Holsteinische Landesmuseen S. 195 und S. 197
(Globushaus und Haithabu in Schleswig)

Dank

Wir bedanken uns bei den genannten Personen und Institutionen, die uns
freundlicherweise Fotomaterial zur Verfügung gestellt haben. Außerdem gilt unser Dank allen Experten und Ortskundigen aus den 111 Orten für die Unterstützung mit Fachwissen und Korrekturen. Und natürlich unseren Freunden, die
die Entstehung dieses Buches mit großem Interesse begleitet und uns mit ihren
Lieblingsorten aus der Region versorgt haben.

Die Autoren

Jobst Schlennstedt wurde 1976 in Her-
ford geboren. 21 Jahre blieb er der Stadt
treu, ehe er sein Geografiestudium an
der Universität Bayreuth begann. Seit Anfang 2004 lebt er in Lübeck. 2008 ver-
öffentlichte er seinen ersten Küsten Krimi im Emons Verlag.
Alexandra Schlennstedt, aufgewachsen in Baden-Württemberg, studierte Geo-
grafie in Bayern und fand 2004 in Lübeck ihre neue Heimat. In ihrem Arbeitsalltag in einer Agentur für Management und Kommunikation bereiste sie die
entlegensten Winkel Schleswig-Holsteins und lernte Land und Leute von einer
anderen Seite kennen und lieben.